Irene Stratenwerth, Thomas Bock
Stimmen hören

SERIE PIPER

Zu diesem Buch

Jeanne d'Arc hörte Stimmen und folgte ihnen, Hildegard von Bingen, Franz von Assisi und Gotthold Ephraim Lessing waren berühmte Stimmenhörer, die von ihren inneren Stimmen gelobt, kritisiert oder auf den richtigen Weg verwiesen wurden. Das Phänomen des Stimmenhörens, früher religiös oder spirituell interpretiert, hält sich aber auch in aufgeklärteren Zeiten: Heute hören zwischen zwei und fünf Prozent aller Menschen Stimmen. Dieses Buch führt ein in eine faszinierende, bisher verschwiegene Welt. Wer innere Botschaften hört, spricht nicht (gern) darüber. Stimmenhören hält man volkstümlich für das Symptom einer Geisteskrankheit, und dies ist auch herrschende Lehrmeinung der Psychiatrie. In jüngster Zeit jedoch kommen Wissenschaftler zunehmend zu der Erkenntnis, daß Stimmenhören ein innerer Vorgang ist, den »normale« Menschen überhören, daß es eine außergewöhnliche Wahrnehmungsform ist wie Klarträume oder Halluzinationen.

Irene Stratenwerth, geboren 1954, arbeitet als Journalistin für Printmedien, Hörfunk und Fernsehen. Sie veröffentlichte unter anderem: »Wahn & Sinn« und mit Thomas Bock »Die Bettelkönigin.«
Thomas Bock, geboren 1954, ist Begründer und Leiter der Sozialpsychiatrischen Ambulanz an der Universitätsklinik Hamburg. Veröffentlichungen unter anderem: »Stimmenreich« (mit J. E. Deranders und Ingeborg Esterer), »Lichtjahre – Psychosen ohne Psychiatrie« und »Achterbahn der Gefühle«.

Irene Stratenwerth
Thomas Bock

Stimmen hören

Botschaften aus der inneren Welt

Piper München Zürich

Von Irene Stratenwerth liegt in der Serie Piper außerdem vor:
Wahn & Sinn (2762)

Ungekürzte Taschenbuchausgabe
Piper Verlag GmbH, München
Oktober 1999

Umschlag: Büro Hamburg
Stefanie Oberbeck, Katrin Hoffmann
Umschlagabbildung: Paola Piglia
Foto Umschlagrückseite: Asmus Henkel (Irene Stratenwerth)
Satz: KCS GmbH, Buchholz / Hamburg
Druck und Bindung: Clausen & Bosse, Leck
Printed in Germany ISBN 3-492-22991-3

Inhalt

Einleitung

Wir leben in einer lauten Zeit. Ständige Beschallung und drahtlose Kommunikation auch noch mit dem hintersten Winkel der Welt gehören zu unserem Alltag. Das Handy wurde zum Symbol einer Lebensart, in der ohne »Vernetzung«, ohne permanente Verständigung eines jeden mit jedem scheinbar nichts mehr geht. In unseren Lüften herrscht Tag und Nacht ein riesiges, unsichtbares, unhörbares und offenbar doch unverzichtbares Stimmengewirr. Aber:

Hören Sie Stimmen?

Wer diese Frage zu hören bekommt, weiß in der Regel: Die Lage ist ernst. Und er wird wissen, wie die einzig ungefährliche Antwort lautet: Nein. Ich bin doch nicht verrückt.

Stimmen hören, darin sind sich, vom Taxifahrer bis zum Ordinarius, fast alle einig; Stimmen hören ist ein Zeichen dafür, daß jemand den Verstand verliert. Entweder Symptom einer Geisteskrankheit oder abergläubische Einbildung, im Funkverkehr mit dem Jenseits zu stehen.

Hören Sie Stimmen?

Der Dichter Rainer Maria Rilke und der Prophet Moses, die Äbtissin Hildegard von Bingen und die französische Nationalheldin Jeanne d'Arc hätten ja gesagt. Für sie alle waren Stimmen Eingebung, Inspiration, göttlicher Befehl, manchmal auch schreckliche Qual. Und von größter Bedeutung für ihr Leben und Werk. Menschen, die Eingebungen von Stimmen wahrnahmen oder für wahr nahmen, haben zu vielen Zeitpunkten an vielen Orten wichtige kulturelle, religiöse, musikalische, philosophische und wissenschaftliche Beiträge geleistet – ohne sie wäre unsere Kultur sehr viel ärmer.

In Masuren, so wird erzählt, verständigten sich die Menschen, die auf entlegenen Höfen weit voneinander entfernt wohnten, mit ihren Verwandten zu festgesetzten Zeiten per Telepathie. In Wales, so erfuhr der Londoner Mediziner Reed durch eine Befragung, erlebte jeder zweite von dreihundert Witwern und Witwen bei vollem Bewußtsein eine »Erscheinung« seines verstorbenen Gatten, konnte sie oder ihn sehen und hören.

Vielleicht konnten die Menschen in stilleren Zeiten, an stilleren Orten dieser Welt mehr innere Stimmen hören. Vielleicht konnten in früheren Zeiten sogar *alle* Menschen Stimmen hören, wie die Theorie des amerikanischen Anthropologen Julian Jaynes nahelegt. Immerhin gaben in großen Untersuchungen in den USA drei bis zehn Prozent der Befragten an, daß sie gelegentlich oder häufig Stimmen hören.

Hören Sie Stimmen?

Mit dieser Frage werden heute Gespräche in der Regel eher beendet als begonnen. Unsere Zeit, unser Kulturkreis kennt sie nur aus dem Mund des Psychiaters, ein Klischee, das in jeden Irrenhauswitz paßt. Wer die Frage nach Stimmen mit ja beantwortet, muß befürchten, daß er sich als Gesprächspartner disqualifiziert hat. Dabei würde es jetzt erst richtig interessant werden. Denn Stimmen sind vielfältige und schwer durchschaubare Begleiter.

»Sie machen Konversation, drohen, üben Kritik und geben Ratschläge; das alles in knappen Sätzen. Sie ermahnen, trösten, verspotten, kommandieren oder führen manchmal auch lediglich die tönende Chronik der laufenden Ereignisse. Sie kreischen, winseln, höhnen und schwanken in der Lautstärke vom leisesten Flüstern bis zum donnernden Gebrüll. Häufig weisen die Stimmen irgendeine charakteristische Eigentümlichkeit auf; so sprechen sie im einen Fall sehr langsam, im anderen skandierend; in Reimen, in Rhythmen, sogar in irgendeiner Fremdsprache.« Was Julian Jaynes beschreibt, ist nur ein kleiner Ausschnitt aus einer Welt von beeindruckender Weisheit und furchtbarem Blödsinn. Eine Welt, die für stimmenhörende Menschen oft wirklicher ist als alles, was um sie herum passiert. Eine Welt, die vielleicht, unhörbar, in uns allen existiert.

Hören Sie Stimmen?

Mit dieser Frage beginnt ein Interview, das niederländische Forscher in den letzten zehn Jahren mit über hundert Frauen, Männern und Kindern geführt haben, die bereit waren, über »ihre« Stimmen Auskunft zu geben. Nur ein Teil von ihnen hat sich gestört und krank gefühlt, nur ein Teil hat jemals ärztlichen Rat gesucht. Andere lebten im Frieden mit »ihren« Stimmen oder auch in einem einsamen inneren Kampf gegen sie. Und sie machten sich selbst ihren Reim darauf: Menschen, die Stimmen hören, haben religiöse, psychologische, mystische, technische, hirnphysiologische Erklärungen für das, was sie vernehmen – oder auch gar keine Erklärung.

»Was sagen diese Stimmen denn? Wie viele sind es? Können Sie sie unterscheiden? Haben sie Namen? Sind sie aggressiv? Geben sie Ihnen Befehle? Sind gute Ratgeber dabei? Können sie mit Ihnen sprechen? Können die Stimmen Fremdsprachen? Hören Sie auch Musik? Sind es Stimmen von Ihnen bekannten Menschen? Wann sprechen sie? Wissen sie Dinge, die Sie selbst nicht wissen?« Das und vieles andere haben der Psychiater Marius Romme und die Wissenschaftsjournalistin Sandra Escher die Stimmenhörer gefragt, neugierig, respektvoll und ohne professionelles Besserwissen. »Man kann«, stellt Professor Romme fest, »über diese Stimmen reden wie über einen Nachbarn.«

Hören Sie Stimmen?

Mit dieser Frage wurde in den Niederlanden und in England eine Bewegung angestoßen. Der Psychiater Marius

Romme wurde zum Hoffnungsträger für stimmenhörende Menschen ausgerechnet durch das Eingeständnis, daß er im Umgang mit dem Phänomen Stimmen gelegentlich ziemlich ratlos sei. Und Paul Baker, Sozialarbeiter in den Gesundheitsbehörden in Manchester, stellte, als sein eigener Bruder Stimmen zu hören begann, fest, daß es für Menschen wie ihn keinen Rat, keine Information, keine Hilfe gab. Er gründete 1987 das »Hearing Voices Network«, ein Netzwerk, das den Austausch von Erfahrungen und Informationen zum Thema Stimmen unter Betroffenen, Angehörigen und professionellen Helfern ermöglichen sollte. In den Niederlanden wurde zur gleichen Zeit mit dem gleichen Ziel von Marius Romme und Sandra Escher die Stiftung Werklang (»Widerhall«) auf den Weg gebracht.

Wir, die Autoren dieses Buches, sind im August 1995 zur ersten europäischen Konferenz der Stimmenhörer in Maastricht gefahren. Die Vorstellung von einem »Netzwerk der Stimmenhörer« faszinierte uns vom ersten Moment an. Ein Netzwerk der Stimmenhörer, so dachten wir, stellt gewohnte Verhältnisse auf den Kopf, macht, etwas militaristisch ausgedrückt, ein Symptom zur Waffe. Stimmenhörer, die sich in einem Netzwerk organisieren, definieren sich nicht primär als Kranke, als »Betroffene«, als Problembeladene, sondern als Menschen mit einer besonderen Eigenschaft, einer Begabung oder Fähigkeit. In der Vorstellung von einem Netzwerk der Stimmenhörer ist auch die vage Idee einer telepathischen Dimension des Stimmenhörens aufgehoben – die uns tatsächlich im Laufe der Recherche, der Beschäftigung mit diesem Thema immer wieder begegnet ist.

Über zwei Jahre haben wir recherchiert, mit Stimmenhörern und Wissenschaftlern gesprochen, historische und literarische Beispiele gesammelt. Verschiedene Zeitungsartikel (u. a. für »Die Zeit« und »Die Woche«) entstanden, dann ein 45-Minuten-Film für den NDR. Andere Medien griffen das

Thema auf, in Deutschland entstehen erste eigene Netzwerke von Stimmenhörern. Die Faszination an den Erfahrungen der Stimmenhörer und den unterschiedlichen Möglichkeiten, sie zu interpretieren und zu verstehen, ist uns geblieben. Und stets fügte die Veröffentlichung und Kommunikation dem Thema neue Facetten, Blickwinkel, Erfahrungen hinzu. In diesem Buch werden sie zusammengetragen. Es gibt

– einen Reisebericht über unsere Begegnungen mit stimmenhörenden Menschen, der Vielfalt ihrer Erfahrungen und Strategien,
– den Versuch zu verstehen, was Stimmen einem Menschen bedeuten können: wie sie zum zerstörerischen Sog werden oder auch zum rettenden Ausweg,
– erste Einblicke in ein noch unbekannteres Feld: Wie leben Kinder mit Stimmen?
– eine Sammlung von kuriosen, erstaunlichen und streng seriösen Berichten über das Phänomen der »Musikhalluzinationen«,
– respektvolle Annäherungen an die Welt der Geister und andere unerklärliche Begegnungen durch innere Stimmen.

Zu weiteren Aspekten haben wir Spezialisten zu Rate gezogen, als Gesprächspartner oder Autoren einzelner Beiträge:

– Fritz Bremer schreibt über Rilkes Duineser Elegien und sucht einen Zusammenhang zur Theorie von Julian Jaynes,
– der Parapsychologe Walter von Lucadou erzählt uns von okkulten Praktiken, die entfesselte Geister als Stimmen auftreten lassen,
– Charlotte Kerner berichtet über das Stimmen- und Musikhören der Hildegard von Bingen,
– Hannelore Klafki und andere Stimmenhörerinnen und -hörer erzählen von den manchmal bedrohlichen und manchmal liebenswerten Eigenschaften ihrer unsichtbaren Begleiter.

– Michaela Huber weist uns auf die Zusammenhänge zwischen Traumatisierungen und Bewußtseinsspaltung hin, zu der auch das Stimmenhören gehört.

»Die Stimmen sind eine Realität – denn du *hörst* sie!« Diese nur scheinbar banale Bemerkung wurde für Ron Coleman, heute ein wichtiger Mann im englischen Stimmenhörernetz, zum Wendepunkt. Mit dieser Bemerkung endete sein Dasein als chronisch geisteskranker Anstaltspatient, begann die Möglichkeit, seine Erfahrungen »als Teil meiner Selbst und nicht als Teil einer Krankheit zu verstehen«.

Diese nur scheinbar banale Feststellung – Stimmen sind eine Realität, auch wenn sie nur von einem einzigen Menschen *gehört* werden – ist auch für uns Grundlage jeder weiteren Beschäftigung. Wir verstehen das Stimmenhören als eine Kommunikation zwischen Welten, die normalerweise voneinander abgeschottet sind. Stimmenhörer haben Zugang zu einer Wirklichkeit, die nichtstimmenhörenden Menschen verschlossen ist. Stimmen bringen etwas von dem zur Sprache, was wir und sie anders nicht hören, nicht wahrnehmen wollen oder können. Dabei kann es sich um schamlose Lügen oder tiefe Wahrheiten handeln, können schreckliche Quälgeister oder hilfreiche Schutzengel laut werden.

Ob man diese Welt der Stimmen als Geisterreich definiert oder als unbewußte Gehirntätigkeit, ist dabei eine Frage des persönlichen Glaubens, der persönlichen Überzeugung. Unstrittig aber scheint uns, daß es diese zweite, normalerweise nicht bewußte Wirklichkeit gibt, daß wir alle permanent damit leben.

Dennoch: Die Welt der Stimmen ist eine fremde Welt. Der Versuch, diese Welt, hochgerüstet mit den Instrumenten unseres rationalen Verstandes, zu betreten, der Versuch, all das, was dort passiert, verständlich und plausibel zu machen, könnte uns den Zugang erst recht versperren.

Als wir die Recherchen zu diesem Buch beinahe abgeschlossen hatten, lernten wir Marcel kennen. Marcel, ein zwölfjähriger Junge, der Stimmen hört, seit er sechs ist. Der wie alle Zwölfjährigen nur mäßig gerne zur Schule geht, aber um so lieber Fußball spielt. Der Computerspiele liebt und im Fernsehen Berichte über paranormale Phänomene guckt. Von Sendungen wie »Mystery« und »Akte X« fühlt er sich ernstgenommen. Dort kommen Menschen vor, die von Erfahrungen berichten, wie er sie macht. Die reißerische, unheimliche Aufbereitung solcher Sendungen macht ihm zwar angst, aber in der »normalen« Welt, in der Marcel tagtäglich zurechtkommen muß, geht es ihm auch nicht besser, dort haben seine speziellen Erfahrungen wenig Platz.

An einem trüben Novembernachmittag saß Marcel mit uns im Wohnzimmer seiner Eltern und sprach selbstbewußt und präzise über seine Stimmen, seine Ängste, seine Überzeugungen, seine philosophischen Fragen. Marcel hat Glück. Er hat Eltern, die versucht haben, gemeinsam mit ihm den wilden Tiger, der ihn bedrohte, zur freundlichen Hauskatze zu zähmen. Die eine Pathologisierung ihres Kindes mit allem Nachdruck verhinderten.

Vielleicht kann dieses Buch dazu beitragen, daß Kinder wie Marcel und deren Eltern nicht mehr ganz so allein sind mit ihren Erfahrungen. Daß Menschen mit außergewöhnlichen Wahrnehmungen nicht mehr zwischen dem Psychiater und Talk X wählen müssen. Daß unser Verständnis vom Wahrnehmen und Wissen, vom Hören, Fühlen und Denken sich öffnet. Vielfältiger wird. Und menschlicher.

Das dritte Ohr: Stimmenhören als Form menschlicher Wahrnehmung

Irene Stratenwerth

Notizen aus dem Stimmenreich – ein Reisebericht

An einem milden Januartag standen wir bei ihm vor der Tür. Wir waren in Hamburg bei klirrender Kälte abgeflogen, durchs neblige England gefahren, dann eingetaucht in die walisische Küstenlandschaft. Die Sonne kam durch, der Ginster blühte. Schafe, Steine und Wasser überall. Eine tief eingeschnittene Bucht war zu überqueren. Am Ende der schmalen Brücke saß eine Frau auf einem Klappstuhl, kassierte mit gelangweiltem Ausdruck ein paar Pennys Brückenzoll. Dahinter lag der Ort mit dem unaussprechlichen Namen: Penrhyndeudraeth. Hingegossen auf einem Hügel in grüner Landschaft, schön und zugleich von Zerstörung gezeichnet, durch Industriebauten zersiedelt. Nur wenige Kilometer von hier entfernt würden wir später Portmeirion finden, die Stein gewordene Halluzination eines spleenigen Briten: ein italienisches Dorf, dekoriert mit thailändischen Tempeltänzerinnen, mit Zuckerbäckerarchitektur aus aller Welt.

Kopfschüttelnd schauten die Leute auf den Zettel, auf dem sein Name, seine Adresse stand. In der Polizeiwache, die schmal wie ein Handtuch war, entfaltete ein Beamter umständlich Flurkarten. Das Haus, das niemand kannte, so stellte sich dann heraus, befand sich an der Hauptdurchgangsstraße des Ortes. Aber in Wales hat jedes Haus seinen eigenen Straßennamen. Und Ron Coleman lebte noch nicht lange hier.

Wir klopften. Er öffnete. Er füllte den ganzen Türrahmen

aus. Ein bißchen wild sah er aus. »Come in«, sagte er erfreut und ein wenig überrascht – als wäre unser Besuch nicht lange verabredet gewesen. Sein großer Hund sprang um uns herum. Er führte uns durch die winzige Küche in einen weiteren winzigen Raum, in dem sich auf einem Tisch Papiere, leere Kaffeetassen, Akten, Aschenbecher und allerlei Büroelektronik türmten. Ein zweiter dicker Mann, der ebenfalls ein bißchen wild aussah, begrüßte uns freundlich. Später erfuhren wir, daß er Leiter eines Krisenzentrums der Universitätsklinik war.

Doch zunächst kamen uns Zweifel. Wir befanden uns auf Recherche für eine Fernsehdokumentation, im Auftrag der Wissenschaftsredaktion des Norddeutschen Rundfunks. Waren wir von Hamburg nach Wales gereist, um dieses Haus, diesen Mann zu besuchen? Das Zentrum, jedenfalls eine zentrale Person des britischen »Netzwerks der Stimmenhörer«? Einen Mann, der auf Vortragsreise in den USA gewesen war, der Mitarbeiter der Psychiatrie fortbildete, der Selbsthilfegruppen organisierte und mit bedeutenden Wissenschaftlern kooperierte? Ein wenig betreten saßen wir auf seinem abgewetzten Sofa herum. Gleichzeitig beschämte uns der Gedanke, daß das Fehlen eines einschlägigen Mittelstandsambientes uns schon daran zweifeln ließ, daß unser Gastgeber ein wichtiger Gesprächspartner war.

Später kamen Terry und Julie dazu, der Psychologe und die Kunsttherapeutin aus Manchester. Terry hatte zum erstenmal eine Stimme gehört – die Stimme seines Vaters –, als er als junger Rucksacktourist in Spanien von Francos Guardia Civil verhaftet und für Wochen ins Gefängnis gesperrt wurde. Seitdem begleiten ihn Stimmen, ohne ihn zu stören. Terry erklärte uns, er sei »stolz darauf, Stimmen zu hören« und habe sich deshalb im Netzwerk der Stimmenhörer engagiert. Am Abend erzählten Terry und Julie, daß auch ihre elfjährige Tochter Stimmen höre – wir werden Carmen später noch kennenlernen.

An jenem ersten Tag unseres Besuches in Penrhyndeudraeth kam irgendwann auch Phil Thomas in seinem roten Cabriolet vorbei. Thomas ist Ordinarius an der Universität Wales, Chefarzt in der psychiatrischen Klinik und für Ron Coleman ein wichtiger Freund und Mitstreiter. In gestochen scharfen Sätzen skizzierte er uns sein Konzept zum Verständnis von Stimmen und Halluzinationen, sprach über die unterschiedlichen Möglichkeiten, sie zu interpretieren: als Geisteskrankheit oder kulturelles Phänomen. »Eine der bedeutenden Veränderungen der Psychiatrie der letzten zwanzig Jahre ist, daß es einen starken Trend hin zu den sogenannten Neurowissenschaften gibt. Das bedeutet, daß Psychiatrie immer mehr zu einer Technologie wird. Wir sind sehr interessiert am Gehirn und haben darüber die Seele aus den Augen verloren«, sagte er.

Diese verengte Perspektive aufzubrechen – das sei nur durch einen gleichberechtigten Gedankenaustausch mit Betroffenen, eine gleichsam mikroskopische Betrachtung ihres Erlebens möglich. »Die Bedeutung von Ron Coleman und Leuten wie ihm ist darin zu sehen, daß sie in die Psychiatrie wieder eine Komponente einbringen, die ganz einfach fehlte: das Interesse an der individuellen Erfahrung der Betroffenen.« Zu diesem Zeitpunkt waren Papiere und Faxgeräte schon beiseite geräumt worden, und ein großartiges Essen war aufgetischt. Und allmählich waren sie spürbar: die unsichtbaren Fäden, die sich aus dem kleinen Haus in Penrhyndeudraeth spannten, zu Menschen, Orten, Ideen in der ganzen Welt.

Irgendwann drückte uns Ron Colemann einen Stapel bedruckter Seiten in die Hand: »Das ist meine Geschichte – ich mag sie nicht immer wieder erzählen.« Es ist die Geschichte eines irischen Arbeiterjungen, dessen Vater sich jeden Samstag betrinkt, um dann seine Frau, seine Kinder zu schlagen. Die Geschichte eines Aufwachsens zwischen Küche und Straße, Fußballplatz und katholischer Kirche, wo ein Priester den zwölfjährigen Ron sexuell mißbraucht. Es ist die Geschichte eines Jugendlichen, der seine erste große Liebe mit siebzehn erlebt, mit einer sechs Jahre älteren Frau. Als sie schwanger wird, beschließen die beiden, gegen alle äußeren Widerstände eine Familie zu gründen. Dann geschieht das bis heute für Ron Unfaßbare: Seine Freundin ist im siebten Monat, als er eines Tages mit seinen Kumpels zum Fußballspiel geht. Nichts scheint ein Unheil anzukündigen. Doch als er ein paar Stunden später nach Hause kommt, ist die junge Frau tot, hat sich und dem Kind in ihrem Bauch das Leben genommen.

Mit einer unglaublichen Kraftanstrengung gelingt es Ron, dem Alptraum seiner Jugend zu entfliehen, wegzugehen aus Irland, eine Ausbildung zu machen, in London einen Job als Kaufmann zu finden. Doch dann holt die Vergangenheit ihn wieder ein: Stimmen werden laut. Die Stimme seiner Freundin, die Stimme des katholischen Priesters und fünf weitere Stimmen beginnen, ihm über die Schulter zu schauen, ihm ins Ohr zu flüstern, ihm ins Ohr zu schreien: Vorwürfe, Kommentare, Fragen – den ganzen Tag lang. Immer wieder geht es dabei um Schuld, um Rons Schuld an all dem, was passiert ist.

Ron wird zum Fall für die Psychiatrie. Und bleibt dort für über ein Jahrzehnt. »Erst galt ich als einfacher Schizophrener, später war ich chronisch Schizophrener,« sagt er. »Ich war sehr gut als Schizophrener.« Mit dreißig Jahren ist Ron ein renitenter Verrückter, der erfolglos mit schwersten Medikamenten behandelt wird, der immer mal wieder aus der Psychiatrie flieht und gewaltsam zurückgebracht wird. Ein ziemlich hoffnungsloser Fall.

Diese Rolle und dieses Szenario, so meint Ron heute, waren irgendwann ausgereizt. Etwas mußte geschehen. Es geschieht, als er von einem Kliniksozialarbeiter zum Treffen des Stimmenhörernetzwerkes in Manchester geschleppt wird. »Ich wollte da nicht hin«, sagte Ron. »Ich habe gesagt:

Das ist doch nur was für Verrückte.« Aber dann stellt die Begegnung mit anderen Stimmenhörern die Weichen in seinem Leben neu: »Das erste, was mir dort erzählt wurde, war: Deine Stimmen sind eine Realität, denn du *hörst* sie. Das war das allerersternal, daß mich jemand ermutigt hat, auf meine Stimmen zu hören. Alle anderen haben gesagt: Vergiß es, hör nicht hin, es sind Halluzinationen. Das war ein echter Wendepunkt. Mir wurde zugestanden, meine Erfahrung als zu mir gehörig zu betrachten. Ich konnte zum erstenmal über die Stimmen reden, ohne daß sie als Teil einer Krankheit gesehen wurden. Sie wurden als Teil von mir verstanden, als Folge der Ereignisse in meiner Lebensgeschichte.«

Nach und nach beginnt Ron jetzt zu verstehen, daß die furchtbaren Erfahrungen, die er hinter sich lassen wollte, sich mit den Stimmen lautstark wieder in Erinnerung gebracht haben. Mit Hilfe seiner neuen Freunde aus dem Netzwerk der Stimmenhörer gelingt es ihm, die verschiedenen Kapitel seiner Geschichte wieder zusammenzufügen und zu verstehen. Er beginnt, sich im Netzwerk zu engagieren – mit so viel Energie, daß das für andere bald beängstigend wird. Ron schreibt, liest, telefoniert, organisiert den ganzen Tag, geht auf Vortragsreise, gründet seine eigene Organisation, führt gemeinsam mit dem Psychiater Phil Thomas Fortbildungsveranstaltungen für psychiatrisch Tätige durch – und zwingt jedem, der ihm begegnet, eine Diskussion auf, verlangt ihm eine Stellungnahme ab. Seine eigene Entwicklung wird zum Bilderbuchbeispiel für das, was in den angelsächsischen Ländern Empowerment genannt wird: Aus dem passiven Patienten wird ein Mensch, der wieder Herr seines eigenen Lebens ist und Experte für sein eigenes Problem.

Er trifft Mary wieder, eine Freundin aus seiner Jugendzeit und zieht mit ihr zusammen nach Wales. Die Medikamente setzt er ab. Sein Ziel ist nicht mehr, die Stimmen zum

Schweigen zu bringen. »Heute lebe ich noch immer mit denselben sieben Stimmen«, sagt Ron Coleman. »Allerdings erlaube ich einigen niemals, mit mir zu sprechen: zum Beispiel Frances, dem Priester. Er ist es einfach nicht wert; er ist der Schuldige, nicht ich. Aber ich spreche mit Annabell, meiner damaligen Freundin, und diskutiere auch mit den anderen Stimmen. Ich denke, die Stimmen spiegeln wider, wie es mir selber geht: Wenn ich mich schlecht fühle, sind sie negativ, wenn ich mich gut fühle, sind sie positiv. Ich kann abends zu Hause sitzen und mich mit sieben Leuten unterhalten – diese Möglichkeit haben andere nicht.«

Wir hatten Ron Coleman zum erstenmal 1995 auf der europäischen Stimmenhörerkonferenz in Maastricht getroffen. Wie ein alttestamentarischer Prediger war er dort aufgetreten. Schimpfend, schnaufend, gestikulierend flitzte er auf der Bühne hin und her und feuerte dabei sein rhetorisches Feuerwerk ab: »Moses hörte Stimmen, Jesus, Giordano Bruno und Winston Churchill. Wir leben in einer kurzen historischen Episode, in der das Stimmenhören nicht kulturell anerkannt ist!« Von den Betroffenen verlangte er kompromißlos, ihre Opferrolle aufzugeben und Verantwortung für sich selbst zu übernehmen. Von Wissenschaftlern und professionellen Therapeuten forderte er ebenso selbstverständlich eine gleichberechtigte Zusammenarbeit, eine partnerschaftliche Einbeziehung der »Experten aus Erfahrung« in jede wissenschaftliche Beschäftigung mit dem Phänomen Stimmen.

Einen Zugang zu den komplexen und vielfältigen Erfahrungen stimmenhörender Menschen gefunden und eine öffentliche Diskussion darüber möglich gemacht zu haben ist das Verdienst des Maastrichter Psychiaters Marius Romme und der Wissenschaftsjournalistin Sandra Escher. Angestoßen wurde ihre Arbeit durch Rommes Patientin Patsy Hagan. Die junge Frau hatte sich nicht damit zufriedengeben wollen, die Stimmen, die sie seit dem vierzehnten

Lebensjahr hörte, als Halluzinationen zu verstehen, die es medikamentös zu bekämpfen galt. Sie wollte lernen, mit ihren Stimmen zu leben.

Rommes Idee war es, Selbsthilfegruppen zum Erfahrungsaustausch für sie und andere Betroffene zu organisieren. Bald stellte er fest, daß er selbst in diesen Gruppen zum Außenseiter wurde. »Als ich die Gespräche verfolgte, fiel mir die Bereitwilligkeit auf, mit der die Teilnehmerinnen und Teilnehmer jeweils die Erfahrungen ihres Gegenübers akzeptierten. Anfangs hatte ich Schwierigkeiten, den Gesprächen zu folgen. In meinen Ohren war ihr Inhalt absonderlich, ja phantastisch, und doch wurde all das offen diskutiert, als handele es sich um eine eigene, in sich geschlossene Wirklichkeit.«

Mit der Bereitschaft, solche Gespräche zu organisieren und daran teilzunehmen, verhielt sich Marius Romme völlig konträr zur Lehrmeinung seiner psychiatrischen Kollegen: Sie hielten es für gefährlich und falsch, sich auf die »Wahnwelt« der als geisteskrank geltenden Patienten einzulassen.

Für die Teilnehmer dieser Gesprächsrunden aber war es ganz offensichtlich entlastend und erleichternd, endlich über eine Realität sprechen zu können, die ihr Leben oft mehr beeinflußte als die äußere Welt. Doch waren sie alle psychiatrische Patienten und fühlten sich durch die Stimmen oft gelähmt und ohnmächtig gemacht. Das wurde in den Gruppengesprächen zum Problem: Bei den Beteiligten machte sich immer wieder ein Gefühl von Ausweglosigkeit breit.

Vielleicht gab es Menschen, die mit ihren Stimmen so gut umgehen konnten, daß sie keine psychiatrische Hilfe brauchten? Das ließe sich nur durch einen öffentlichen Aufruf herausfinden, überlegten Marius Romme und Sandra Escher. Auf einen sorgfältig vorbereiteten Auftritt des Psychiaters und seiner Patientin Patsy Hagan in einer niederländischen Talk-Show im Jahre 1987 meldeten sich 700 Zuschauerinnen und Zuschauer. 450 hörten selbst Stimmen, 150 gaben an, daß sie damit ohne größere Probleme leben könnten. Um einen Erfahrungsaustausch und gleichzeitig eine wissenschaftliche Erfassung der Berichte dieser Menschen zu ermöglichen, organisierten Romme und Escher, zunächst unter Ausschluß der Öffentlichkeit, erste Stimmenhörerkonferenzen und starteten gleichzeitig eine systematische Befragung.*

Das wohl wichtigste Ergebnis der Studien von Romme und Escher: Stimmenhören *kann* Folge oder Begleiterscheinung dramatischer Lebensereignisse und schwieriger Konfliktsituationen sein. Bei 70 Prozent der Befragten traten Stimmen infolge von Ereignissen wie Schwangerschaft, einem Trauerfall oder einer Ehescheidung auf. Oft waren es traumatische Erlebnisse, die zum Auslöser für das Auftreten von Stimmen wurden – ein Unfall, eine schwere Krankheit oder Gewalterfahrungen. Aber es gab auch andere Fälle, in denen Stimmen nicht durch schwerwiegende Probleme oder Konflikte ausgelöst wurden – und auch keine nach sich zogen.

Die Geschichte Ron Colemans etwa legt eine vergleichsweise einfache psychologische Interpretation nahe: Danach sind Stimmen Schöpfungen aus dem eigenen Bewußtseinsstrom, sind aus Erinnerungen, Erfahrungen und Gefühlen neu geformte und laut gewordene Gedanken. Doch in Maastricht erfuhren wir auch, daß viele Stimmenhörer mit dieser Erklärung wenig anfangen können. »Die Stimme sagt Dinge, die ich selbst nicht weiß, benutzt Wörter, die ich nie

* Die Ergebnisse dieser Befragungen, die Erfahrungsberichte von Stimmenhörern, die Beiträge der Wissenschaftler unterschiedlichster Fachrichtungen aus den Niederlanden und England sind in einem Buch dokumentiert, das seit 1997 auch auf deutsch erhältlich ist. Marius Romme, Sandra Escher: Stimmenhören akzeptieren. Psychiatrie-Verlag Bonn 1997.

benutze, deshalb kann die Stimme nicht ich sein. Es muß jemand anders sein.« So faßt Marius Romme zusammen, was ihm in vielen Gesprächen von Stimmenhörern erklärt wurde. Stimmen, so weiß Marius Romme aus diesen Befragungen, können eine eigene Persönlichkeit entwickeln, sich tarnen, miteinander Streitgespräche führen und regelrechte Tricks anwenden. So etwa im Fall eines zwölfjährigen Jungen, dem von Stimmen ständig alle möglichen Befehle erteilt wurden. Wenn er sie nicht befolgte, brachen die Stimmen in schreckliches Weinen aus.

Für viele Betroffene ist unvorstellbar, daß solche »Geistwesen«, die sich scheinbar völlig eigenständig und unkalkulierbar verhalten, Produkte ihres eigenen Denkens sein sollen. »Mein Arzt sagt, ich höre Stimmen, weil ich schizophren bin, aber ich bin der Meinung, daß das Leute in meiner Wohnung sind, die mich beobachten, kontrollieren und auch beschützen«, erklärte mir eine Teilnehmerin aus Österreich auf dem Maastrichter Kongreß. Ich fragte mich, wie und worüber Patientin und Arzt wohl miteinander reden können.

Viele Stimmenhörer haben ihre eigenen Erklärungen für das, was sie hören, nehmen Stimmen als Geister, Götter oder auch telepathische Eingebungen wahr. Nach Ansicht Rommes ist dieser Mangel an »Krankheitseinsicht« oft eher ein Gewinn: »Das Erlernen des Umgangs mit den Stimmen ist oft einfacher, wenn es in ein anerkanntes soziales oder spirituelles Glaubenssystem eingebettet ist.« Mit der Vorstellung, von Geistern und Schutzengeln begleitet zu sein, können viele Betroffene besser leben als mit der Diagnose, aufgrund einer psychischen Krankheit unter Halluzinationen zu leiden.

Informationen und Diskussionen über unkonventionelle Hilfen, spirituelle Erklärungen, individuelle Erfahrungen und Ergebnissen etablierter Wissenschaften ein Forum zu bieten, das ist den Netzwerken der Stimmenhörer, ist Marius

Romme und Sandra Escher gelungen. Auf den Stimmenhörerkonferenzen diskutierten Psychologen mit Philosophen, Parapsychologen mit Krankenschwestern, Atheisten mit religiösen Fanatikern, Geistheiler mit Hirnforschern – und so weiter. So lernten wir in Maastricht auch einen so diesseitigen Mann wie Adrian Honig kennen. Adrian Honig gehörte ursprünglich zu Marius Rommes Forscherteam und hat seine Erfahrungen aus der Befragung von Stimmenhörern in die Hirnforschungsabteilung der Universitätsklinik von Maastricht mitgenommen. Dort hat er begonnen, die Hirntätigkeit stimmenhörender Menschen mit Hilfe von Computertomographie und EEG zu untersuchen.

In Adrian Honigs Hirnlabor trafen wir Magda, eine quicklebendige junge Frau und Mutter von drei Kindern. Magda hatte mehrere Jahre in Australien gelebt, jetzt war sie in ihre niederländische Heimat zurückgekehrt. Sie litt unter chronischem Geldmangel, lebte mit ihren Kindern von Sozialhilfe und vermittelte dennoch den Eindruck, ihr Leben gutgelaunt zu meistern. Seit der Geburt ihres jüngsten Sohnes hörte sie Stimmen. Später fand sie heraus, daß auch ihre beiden Töchter etwas hörten, was andere nicht wahrnahmen. Mit all diesen Geistern sei es manchmal ziemlich voll bei ihr zu Hause, erklärte Magda lachend. Doch für sie und ihre Kinder gehörten Gespräche über ihre ungewöhnlichen Wahrnehmungen längst zum Alltag. Nur wenn Verwandtschaft zu Besuch sei, würde das Thema sorgfältig vermieden.

Magda hatte sich freiwillig für das Forschungsprojekt in der Universitätsklinik gemeldet. Nun ließ sie sich geduldig den Kopf mit kleinen Elektroden vollpflastern, ließ sich, festgeschnallt auf einer Untersuchungsliege, in die Röhre des Computertomographen schieben. Magda hatte als Krankenpflegehelferin gearbeitet – sie kannte diese Art von Diagnostik. Und sie hatte ihre Gründe, sich darauf einzulassen, wie sie mir erklärte: »Es ist einerseits Neugierde, aber auch ein bißchen Wut. Ich bin wütend über all diese Leute, die mich abstempeln wollen. Sobald man ihnen erzählt, daß man Stimmen hört, wird man in die Schublade zu den Verrückten gepackt. Und das ist nicht richtig, es ist einfach nicht wahr. Also, ich bin schon neugierig, mehr über mich selbst zu erfahren und Antworten auf die Fragen, die ich dazu habe, zu bekommen. Aber der Hauptgrund sind all diese Leute, die nicht glauben können, daß ganz normale Menschen Stimmen hören.«

Magda erzählte uns auch, was sie hört: »Es ist die Stimme eines Kindes. Manchmal hört es sich an, als ob es darum bittet, reinkommen zu dürfen. Manchmal ist es wie ein Hilfeschrei – eine verzweifelte Stimme, wie von einem Kind, das sich verletzt hat und nach seiner Mami schreit. Ein anderes Mal ist es nur ein Wispern, so daß ich durchs Haus laufe und nachprüfe, ob ich das Radio und den Fernseher abgeschaltet habe. Anfangs hat es mich ziemlich nervös gemacht.«

Ich fragte Magda, ob sie jemals das Gefühl hatte, verrückt zu werden. »Verrückt? Nein, das wäre übertrieben. Nur manchmal, wenn es mehr ein Gemurmel ist, so daß ich keine klaren Wörter höre, dann sage ich: Hört zu, wenn ihr mit mir redet, sprecht deutlich oder hört auf damit.«

»Sie reden mit den Stimmen?«

»Ja, ich spreche mit ihnen.«

»Antworten sie?«

»Nein.«

»Hat es irgendeine Wirkung, wenn Sie mit den Stimmen reden?«

»Ja, ich habe das Gefühl, mit beiden Beinen auf dem Boden zu bleiben.«

In der Maastrichter Universitätsklinik wurde Magda Triepels freundlich und aufmerksam behandelt: Die Untersucher nahmen sie ernst. Sie mußten ihr keine psychiatrische Diagnose verpassen, um ihr »glauben« zu können, daß sie Stimmen hörte. Doch Magdas Bedürfnis nach einem greifbaren Ergebnis, nach einer handfesten hirnphysiologischen Ursache der Stimmen, die sie auch ihren Verwandten als Erklärung hätte präsentieren können, blieb unbefriedigt. »Wir betreiben Grundlagenforschung«, sagt Adrian Honig, »bis jetzt wissen wir sehr wenig darüber, was Stimmen wirklich sind.«

Sein Kollege Phil McGuire an der Londoner Universität ist weniger bescheiden. Er hat versucht, das Phänomen Stimmenhören mit Hilfe eines PET-Scanners zu ergründen, einem Gerät, das zur Zeit als Mercedes der Gehirndiagnostik gilt. Für die Untersuchung im PET-Scanner wird den Patienten eine radioaktiv markierte Zuckerlösung injiziert. Sie macht für das mit aufwendigster Elektronik vollgestopfte Gerät sichtbar, von welchen Regionen des Gehirns während der Untersuchung Zucker, also »Nahrung«, angefordert wird, weil es dort besonders aktiv ist. Das Verfahren bringt nicht nur eine radioaktive Belastung mit sich. Die Prozedur ist auch psychisch belastend: Der Proband wird auf eine Liege gelegt, der Kopf wird mit Hilfe einer Gesichtsmaske fixiert und bleibt für längere Zeit – etwa eine Stunde lang – völlig unbeweglich. Währenddessen befindet sich sein Kopf in einem Untersuchungsgerät, das von außen aussieht wie eine überdimensionierte Waschmaschine.

In Deutschland würde wohl keine Ethikkommission genehmigen, stimmenhörende Menschen aus wissenschaftlichem Interesse mit dem PET-Scanner untersuchen zu lassen. Und auch der Londoner Neurowissenschaftler konnte seine Studien nur an sehr kleinen Gruppen von jeweils sechs Probanden – als schizophren diagnostizierten, stimmenhörenden Patienten der psychiatrischen Klinik – durchführen.

In einer ersten Untersuchung bat McGuire seine Probanden, jeweils die Hand zu heben, wenn sie Stimmen hörten, und zeichnete währenddessen die Veränderung ihrer Gehirnaktivität auf. Ein erstes Ergebnis: Während die Patienten Stimmen hörten, waren vor allem die Bereiche im Gehirn aktiv, die für die Sprachproduktion zuständig sind – eine scheinbare Bestätigung der These, daß Menschen, die Stimmen hören, laut gewordene Selbstgespräche führen. Doch, wendet sein Maastrichter Kollege Adrian Honig ein, es könne genausogut sein, daß die Aktivität im Sprachzentrum signalisiere, daß die Kandidaten den Stimmen innerlich »antworten«.

In einer zweiten Untersuchung bat der Forscher stimmenhörende Menschen, sich gesprochene Sprache *vorzustellen* und verglich ihre Hirnaktivität mit der von Studenten, denen dieselbe Aufgabe gestellt worden war. Zu seiner Überraschung zeigte sich bei den Stimmenhörern eine *verringerte* Aktivität im Bereich der vorderen Schläfenlappen. »Diese Bereiche haben unserer Meinung nach etwas mit der Aufgabe des Gehirns zu tun, die Kontrolle über das Denken in Worten, über unseren inneren Dialog zu behalten«, erklärt Phil McGuire. »Normalerweise bleiben wir unseren eigenen Gedanken auf der Spur; es ist uns bewußt, daß es Gedanken und nicht gesprochene Worte sind. Unsere Theorie ist die, daß Menschen, die Stimmen hören, Probleme mit dieser Funktion haben: daß sie ihre in Worte gefaßten Gedanken nicht als Gedanken wahrnehmen. Daß sie nicht realisieren, daß sie sie selbst produzieren, sondern sie fälschlicherweise der Außenwelt zurechnen.«

Die Theorie ist bestechend, doch sie erklärt nicht, *warum* jemand Stimmen hört, räumt McGuire ein. »Diese Art von Studien erklären nicht Ursachen, sondern zeigen nur Mechanismen im Gehirn. Aber sie bestätigen die Annahmen von psychologischen Theorien über das Stimmenhören. Und gerade im Moment gibt es ein wachsendes Interesse an psychologischen Behandlungsformen, die den Patienten helfen sollen, die Stimmen als ihre eigenen Gedanken wiederzuerkennen.«

Sind Stimmen also doch nichts anderes als laut gewordene

Gedanken? Und: Würde es einem stimmenhörenden Menschen helfen, wenn er annähme, daß er selbst es ist, der sich mit unflätigen Ausdrücken beschimpft, sich auffordert, sich das Leben zu nehmen, sich die Schuld an allem Unheil der Welt gibt, sich erklärt, daß sein Leben schon lange nutzlos sei?

Daraus ergibt sich eine noch kompliziertere Frage: Sind Gedanken, Vorstellungen, Bilder, Sätze, Worte, die irgendwo in unserem Gehirn herumspuken, aber nicht bewußt von uns *gedacht* werden, wirklich »eigene« Gedanken, gehören sie zu unserem »Ich«, sind sie sinnvoll in das Bild unseres Selbst zu integrieren? Solchen Fragen ist Phil Thomas zusammen mit seinen Patienten auf der Spur. Als wir zum zweitenmal nach Wales kamen, stellte uns der Psychiater seine Patientin Peg vor. Gemeinsam mit Peg hat er versucht, die Bedeutung der Stimmen, die sie seit vielen Jahren drangsalieren, zu entschlüsseln.

Peg war als Pflegekind bei einem Ehepaar aufgewachsen, das jetzt, im hohen Alter, viel Zuwendung und Betreuung erwartete. Peg war inzwischen selbst schon eine ältere Dame, hatte eine Ausbildung zur Erzieherin gemacht, hatte ihr Leben lang engagiert mit kleinen Kindern gearbeitet. Die Erwartungen ihrer Eltern überforderten sie. Außerdem hörte sie Stimmen, seit fast dreißig Jahren.

Auslöser war damals das Unglück in einer Kohlenmine in Wales, bei dem Kinder einer Schulklasse verschüttet worden waren und starben. Peg erfuhr von diesem Ereignis in den Nachrichten, war schockiert, hilflos, ohnmächtig – und begann plötzlich, Stimmen zu hören: Die Schreie sterbender Kinder.

Später wurden zwei Stimmen zu ihren ständigen Begleitern: Der eine war für sie »der kleine Teufel«, den anderen nannte sie »Schutzengel«. Letzterer war gefährlicher: »Ich hielt ihn zwar für meinen Freund, aber er forderte mich ständig auf, schreckliche Dinge zu tun.« Jetzt, bei ihrem

Konflikt mit ihren alten Eltern wurden die Einflüsterungen der Stimmen so aggressiv, daß Peg Angst vor ihrem eigenen Handeln bekam.

In Phil Thomas fand sie einen Arzt, mit dem sie über all das reden konnte, versuchen konnte, die Fäden ihrer Biographie wiederzufinden, zu verstehen, warum die Stimmen ständig Dinge sagten, die sie selbst nicht zu denken wagte. Schließlich verbrachte sie einige Wochen in einem Haus an der walisischen Küste, das von der psychiatrischen Universitätsklinik eingerichtet worden war, um Patienten die Möglichkeit zur Ruhe und Selbstbesinnung zu geben. Sie führte lange Gespräche mit Phil Thomas und schrieb auf, was sie hörte und bedrängte.

Die Stimmen brachte das nicht zum Schweigen. Im Gegenteil: Bald meldete sich eine dritte Stimme bei Peg. Doch diese Stimme sprach beruhigend auf Peg ein, nahm sie vor den Angriffen der anderen Stimmen in Schutz, verbot ihnen gelegentlich einfach das Wort. »My Holy Angel« – mein heiliger Engel – wurde für Peg zu einer verläßlichen Schutzheiligen. Gestärkt und beruhigt wurde sie nach Hause entlassen.

Ein paar Monate später, im Frühjahr 1996, geschieht das Massaker von Dunblane/Schottland. Ein Amokläufer erschießt eine ganze Klasse von Vorschulkindern. »Es wurde in den Einuhrnachrichten gemeldet«, erzählt Peg. »Ich konnte es erst gar nicht glauben; niemand konnte das. Aber mit jeder neuen Nachrichtensendung wurde es bestätigt. Ich weiß nicht, wann die Stimmen begannen – wahrscheinlich war das im Laufe des Nachmittags. Ich hörte die Stimmen dieser Kinder, ihr Weinen, ihr Schreien, ihre Verzweiflung. Ich hatte das Gefühl dabeizusein, mit ihnen zusammenzusein. All das spielte sich unaufhörlich in meinem Kopf ab; es ging immer weiter und wurde mit jeder Nachricht noch schlimmer.«

Es wiederholte sich, was damals, beim Kohlenminenunglück in Wales geschah: Peg geriet durch ihre Art des Mitleidens schließlich selbst in Gefahr. »Ich wollte zu ihnen, in ihre Welt überwechseln, um für sie dazusein, mit ihnen zusammenzusein, ihnen zu helfen. Und die einzige Möglichkeit, zu ihnen zu gelangen, erschien mir, mir das Leben zu nehmen.« In ihrer Not rief Peg Phil Thomas an, der gemeinsam mit ihr versuchte, Dämme zwischen Innenleben und Außenwelt zu errichten. Als sie begann, sich zu beruhigen, meldete sich auch ihr »Holy Angel« zurück.

»Diese Stimme war warm, ruhig und gab mir Sicherheit. Sie erklärte mir, daß die Kinder, die tot sind, ihren Frieden gefunden haben, daß ihre Lehrerin bei ihnen ist, daß sie mich nicht brauchen. Ich fragte: Aber was ist mit den anderen, den Verletzten? – Die haben selbst einen Holy Angel, der ihnen beisteht, beruhigte mich die Stimme. Sie sprach über eine lange Zeit mit mir – und ganz langsam flauten die anderen Stimmen ab.«

Eine zusätzliche Stimme – nach gängiger psychiatrischer Sicht wäre das ein Symptom für das Fortschreiten von Pegs Erkrankung. Als Phil Thomas aber seine Patientin fragt, wer diese neue Stimme für sie sei, antwortet sie: »Ich denke, es ist *Common sense*.« Diese Stimme höre sich an, fügte Peg hinzu, wie eine Mischung aus der Stimme ihrer Freundin, der von Phil Thomas und ihrer eigenen.

Der Versuch, Pegs Erfahrung komplett auszudeuten, käme einem Übergriff gleich. Ihre Geschichte zeigt, wie komplex die Welt der Stimmen sich entfalten kann, wie schwierig die Trennung zwischen »innen« und »außen«, die Unterscheidung zwischen Begabung und Störung ist, wie Stimmen zerstörerisch und hilfreich zugleich sein können. Pegs Geschichte erzählt auch etwas über Selbstheilungskräfte: Als Gegengewicht gegen den übermächtigen Einfluß ihrer quälenden und drangsalierenden Einflüsterungen war eine neue *Stimme* viel wirksamer, als es *Gedanken* hätten sein können.

Beginnt man die Welt der Stimmen von *innen* zu betrachten, wird eine eindeutige Erklärung der Ursachen – sei sie nun psychologischer, physiologischer oder metaphysischer Natur – plötzlich weniger wichtig. Es entfaltet sich eine Welt voller Überraschungen, boshafter Einfälle, unerwarteter Helfer, ein Mikrokosmos von Inspiration und Weisheit, Blödsinn und Witz. Für den Menschen, der in Kontakt zu dieser Welt kommt, ist diese Erfahrung real und bedeutungsvoll: Das ist wichtiger als jede rationale Erklärung.

Nach den ersten Veröffentlichungen über die Tagungen in Maastricht, über das britische Netzwerk, über Menschen wie Ron, Magda, Tamara und Peg begannen auch Stimmenhörer in Deutschland, von sich zu erzählen. Ihre Erfahrungsberichte sind nicht weniger vielfältig und phantastisch als das, was wir in England und den Niederlanden erfahren hatten.

Günter Rieger gründete in Kiel eine erste Selbsthilfegruppe, etwa zum gleichen Zeitpunkt kam Hannelore Klafki in Berlin auf die gleiche Idee. Trotz aller hoffnungsvollen Erfahrungen weisen beide aber immer wieder darauf hin, daß die Aufgabe, ein neues Verständnis für die Stimmen zu entwickeln, für die Betroffenen allein zu groß ist. Von den Anstrengungen und Widerständen, die es bedeutet, im professionellen, wissenschaftlichen und therapeutischen Lager Offenheit für die Erfahrungen stimmenhörender Menschen zu erarbeiten, berichtet das folgende Kapitel.

Thomas Bock

Kinder, Alte, Narren – Zugänge zur Welt der Stimmen

Ein eingebildeter Freund

Vor einigen Jahren erzählte mir mein Sohn Jakob von einem neuen Freund. Jakob war vier Jahre alt, und ich hatte damals wenig Zeit für ihn. Seine Schwester war gerade geboren. Es gab unglaublich viel zu tun. Nun erfuhr ich also von Franz. Schön, daß der Junge mit seinen vier Jahren so schnell Freundschaften schließt, dachte ich. Einige Tage später hörte ich, wie Jakob mit Franz redete. Na, so etwas, bekommt er bereits Besuch, ohne daß ich davon weiß!

Ich warf einen Blick ins Zimmer. Niemand da. Jakob hatte mich nicht bemerkt. Er redete intensiv auf jemanden ein und lauschte dann aufmerksam in die folgende Stille. Etwas betreten schlich ich die Treppe hinunter: Mein Sohn hört Stimmen? Ist er krank? Handelt es sich um das erste Zeichen einer beginnenden Psychose? Nach und nach beruhigte ich mich. Jakob hat einen eingebildeten Spielkameraden, na und? Er wirkt ganz zufrieden mit ihm. Die beiden scheinen sich gut zu verstehen.

Als klinischer Psychologe lernt man eher das Verrückte als das Normale kennen. Natürlich wußte ich, daß Kinder in diesem Alter allen möglichen Wesen – insbesondere Puppen und Stofftieren, aber auch vertrauten Gebrauchsgegenständen wie Lieblingstassen, Zahnbürsten und Klodeckeln – Leben einhauchen können. Aber daß dabei ganz neue Wesen und regelrechte »akustische Halluzinationen«

entstehen können, war mir neu. Vielleicht sollte ich mich mehr mit Entwicklungspsychologie beschäftigen als mit Psychopathologie. Inzwischen weiß ich, daß viele Kinder im Alter meines Sohnes durch ihre rege Phantasie Bilder und Geräusche entstehen lassen können.

Mein Sohn brauchte Zuspruch. Die neue Schwester Lotta drohte, ihn zu entthronen. In dieser angespannten familiären Situation griff Jakob zur Selbsthilfe. Oder sie ergriff ihn. Er selbst brauchte nicht viel zu tun. Die Stimme des neuen Freundes, der ihn nun begleitete, kam von allein. Und als die Familie halbwegs wieder im Gleichgewicht war, verschwand sie wieder. Ohne viel Aufhebens. Jakob hörte auf, von Franz zu erzählen. Seinen »realen« Freunden berichtete er dafür stolz von Lotta.

Reden wie mit einem Nachbarn

Mich beschäftigt Franz immer noch, Jahre später. Haben die akustischen Halluzinationen bei erwachsenen Menschen eine ähnliche Funktion wie bei meinem Sohn? Signalisieren die Stimmen der Patienten aus der sozialpsychiatrischen Ambulanz, in der ich arbeite, auch biographische Krisen, den Wunsch nach mehr Aufmerksamkeit und Zuspruch? Ein Unterschied ist deutlich: So unbedarft wie Jakob erzählt keiner von seinen »Begleitern«. Aber woran liegt das? Haben die Erwachsenen ihre Unschuld verloren? Sind wir Therapeuten zu gehemmt, offen zu fragen? Ist die Psychiatrie auf dem Holzweg, wenn sie fremdartige Erfahrungen wie das Hören von Stimmen von vorneherein pathologisiert?

»Man muß über die Stimmen reden wie über einen Nachbarn«, sagt Marius Romme aus Maastricht, der viel dazu beigetragen hat, daß das Thema »Stimmenhören« auch in der Psychiatrie etwas unbefangener behandelt wird. Den schon äußerlich beeindruckenden, weißhaarigen Mann, idealtypisches Bild eines Psychiaters, habe ich vor ein paar Jahren kennengelernt. Ich hatte gerade gemeinsam mit Dorothea Buck, einer früher als schizophren diagnostizierten, ehrwürdigen alten Dame, das Hamburger Psychoseseminar gegründet. Vergleichbare Foren für einen unbefangenen Austausch zwischen Psychoseerfahrenen, Angehörigen und professionellen Therapeuten gibt es inzwischen in ganz Deutschland. Und Professor Romme war zu dem gleichen Zeitpunkt mit einer stimmenhörenden Patientin im holländischen Fernsehen aufgetreten, was eine Lawine von Zuschriften auslöste und letztlich das holländische Stimmenhörernetzwerk gründen half.

Uns beide verbanden Zweifel an der herkömmlichen Psychiatrie. Wir wollten eine Institution, die psychisch erkrankten Menschen hilft, mit ihren Erfahrungen zurechtzukommen und so normal wie möglich zu leben, und wir bezweifelten zunehmend, daß es eine Hilfe ist, wenn ungewöhnliche Wahrnehmungen nahezu automatisch einer schweren Krankheit zugeordnet und mit entsprechend schwerem, chemischem Geschütz bekämpft werden. Die Symptome möglichst rasch und resolut zu beseitigen ist nicht immer und unbedingt schon ein Erfolg. Vielleicht haben sie eine Funktion, eine Bedeutung? Kann es sein, daß sie auch von selbst verschwinden, wie bei meinem Sohn? Haben sie eine Sprache, die es zu entschlüsseln gilt?

Ich habe auf all diese Fragen auch heute keine endgültige Antwort. Ich weiß, daß die Stimmen, die manche Patienten der Psychiatrie hören, so unbarmherzig sind und so direkt zu selbstgefährdenden Aktionen auffordern, daß die derart Malträtierten sich nichts sehnlicher wünschen, als daß die ungebetenen Gäste verschwinden. Sie wollen sich distanzieren, so rasch wie möglich, und sie glauben, das alleine nicht schaffen zu können. Andere wiederum sehen sich in enger, wenn auch widersprüchlicher Verbindung mit den Stimmen. Sie sind irritiert, wollen sich freimachen von den unerwarteten Einflüssen. Gleichzeitig sind sie neugierig, was die Stimmen ihnen mitzuteilen haben. Sie spüren eine innere Herausforderung, vielleicht nicht jedem einzelnen Wort, aber doch der Art und Weise, wann, wie und wo mit ihnen gesprochen wird, eine Bedeutung beizumessen, und hoffen, indirekt etwas Interessantes über sich zu erfahren.

Damit rückt die Erfahrung des Stimmenhörens in die Nähe des Traums. Nahezu alle psychotherapeutischen Schulen messen, wenn auch in unterschiedlicher Gewichtung, dem Träumen eine hohe Bedeutung bei. Denn ohne die Kontrolle des Bewußtseins haben wir Zugang zu verdrängten Erinnerungen, zu unbewußten Hoffnungen und Befürchtungen. Erfahrungen und Konflikte, die uns insgeheim mehr oder weniger prägen, werden in unseren Träumen mit oder ohne fremde Interpretationshilfe zugänglich. Gibt es einen plausiblen Grund, warum das nicht prinzipiell auch bei Halluzinationen im sogenannten Wachzustand der Fall sein soll? Vielleicht sind manche Menschen in der Lage, mit offenen Augen zu träumen. Vielleicht sind manche Menschen auch im Normalzustand näher an der Grenze zwischen Wachen und Schlafen? Vielleicht sind manche Menschen mehr Kind geblieben als andere? Wenn das aber so ist, warum schenkt die Psychiatrie dem Träumen dann soviel Aufmerksamkeit, dem Stimmenhören aber nicht?

Seit meiner Erfahrung mit Jakob kann ich stimmenhörende Patienten, die mir bei meiner Arbeit begegnen, unbefangener fragen, wann welche Stimmen was zu sagen haben. Ob sie weiblich oder männlich, jung oder alt, laut oder leise sind. Ob sie immer gleich oder manchmal unterschiedlich sprechen. Und ob sie in irgendeiner Weise zu beeinflussen sind. Manchmal führen auch diese Gespräche zu dem Rat, sich mit Hilfe von Haldol oder neueren Neuroleptika erst einmal Ruhe zu verschaffen. Doch zum einen ist das längst nicht immer so. Und zum anderen lege ich inzwischen Wert darauf, daß das Gespräch an dieser Stelle nicht abreißt. Das zwischen mir und dem Patienten nicht, und das zwischen ihm und den Stimmen wenn möglich auch nicht.

Stimmen im Alter – ein Ersatz?

In mancher Hinsicht werden alte Menschen wieder zu Kindern. Die gesellschaftlichen Strukturen, die uns formen, treten in ihrer Bedeutung zurück. Das Eigene, das jeder mitbringt, wird wieder dominanter. Im Sinne von Originalität. Vielleicht auch in dem Sinne, daß bestimmte Charakterzüge unverstellt deutlich werden. Im Vergleich mit Kindern sind alte Menschen in der Regel einsamer. Viele Abschiede werden unvermeidlich. Daß wir uns von vielen Möglichkeiten verabschieden müssen, gehört schon zum Erwachsenwerden. Aber hinzu kommt, daß nun langsam auch verlorengeht, was uns selbstverständlich und lebensnotwendig erscheint: Beruf, Bestätigung, Gesundheit, Freunde, Beziehungen und vieles mehr. Manche Menschen werden in dieser Lebensphase wunderlich:

Herr Adler begann, mit seinem Vogel zu reden. Nicht nur auf die Art und Weise, in der manche auf ein Baby einreden, nämlich ohne wirklich eine Antwort zu erwarten. Herr Adler redete ruhig und ernsthaft. Er ließ sich Zeit und lauschte lange dem Echo seiner Worte. Und bald tat ihm der Vogel den Gefallen und antwortete.

Frau Peters hielt sich nicht mit Tieren auf. Als ihr Mann starb – sie hatte gerade ihren 79. Geburtstag gefeiert –, lebte seine Stimme weiter. Erst war sie erschrocken und auch ein bißchen ärgerlich. Wer wagte es, sie in ihrem Schmerz so zu necken? Ganz deutlich kam die Stimme aus der Ecke, wo der Lehnstuhl stand, auf dem ihr Mann immer gesessen hatte. Das konnte doch keine Einbildung sein? Oder? Bald hörte sie auf zu fragen. Hörte einfach hin. Dann wunderte sie sich nicht mehr. Das Leben war, wie es war. Und es war einfacher so.

Sie erzählte ihrem Mann weiterhin, wie früher, wie unruhig die Nacht gewesen war. Schimpfte, daß der Kaffee wieder teurer geworden war, usw. Er war ein geduldiger Zuhörer. Sie kannte ihn seit fünfzig Jahren und wußte, wie er antwortete. Sie konnte ihm die immer gleichen Geschichten erzählen. Er protestierte nie. Reagierte nur auf bestimmte Stichworte, das aber verläßlich. Und so war es auch jetzt. Auf bestimmte Stichworte hin begann er zu sprechen. Die gleichen Worte wie immer, der etwas nölige Tonfall. So hatte er immer gesprochen. Wieso hatte? So spricht er, seit sie ihn kennt. So ist er.

Wenn alte Menschen imaginäre Stimmen hören, behandeln wir sie häufig wie Kinder. »Oma spinnt ein bißchen, na und …, die paar Jahre noch.« Das Erschrecken ist kurz und bleibt auf die engsten Verwandten beschränkt. Instinktiv wägen wir ab: Wer hat Nachteile, wenn der alte Mensch ein wenig verschroben wird? Wem nützt oder schadet es, wenn er Stimmen hört? Vielleicht mischen sich auch Großzügigkeit und Gleichgültigkeit.

Bei professionellen Helfern jedenfalls hat ein Umdenken begonnen. Es muß kein Zeichen von Krankheit sein, wenn ein alter Mensch Stimmen hört, dessen reales Leben insgesamt leiser geworden ist und weniger Echos bereithält. Und es ist erlaubt zu fragen, ob sein Leben mit Stimmen schlimmer oder angenehmer ist als ohne.

Inzwischen bleiben viele alte Menschen, die allein zurückbleiben, solange wie möglich in der eigenen Wohnung, anstatt in ein Altersheim zu ziehen. Manche von ihnen werden wunderlich. Wenn in dieser Situation das Hören von Stimmen Abschiedsschmerz und Einsamkeit zu kompensieren hilft, wofür brauchen wir dann noch eine abstrakte Krankheit als Erklärung? Vermutlich spielt auch eine Rolle, daß bei vielen Menschen im Alter die allgemeine

Wahrnehmung selektiver und das Gehirn in seinen Bahnungen rigider wird. Insofern können wir von einer Wechselwirkung ausgehen: Wenn im Gehirn weniger neue Informationen eingehen, werden die abgelegten Daten weniger gehemmt. Die Psychologie der Einsamkeit und die Neurologie des Gehirns ergänzen sich. Neurologische Schaltungen können ein Eigenleben entfalten, aber sie tun es offensichtlich nicht ganz ohne Sinn und Verstand.

Narrenweisheit – Eigendynamik des Gehirns?

Am mittelalterlichen Hof redeten alle dem König nach dem Mund. Einem klugen König mußte das auf Dauer langweilig werden: Woher sollte er ehrlichen Rat bekommen? Wem konnte er trauen? Zum Glück hatte er seinen Hofnarren. Geschützt durch seine Narrenkappe konnte dieser verschlüsselt durch spaßige Einlagen sagen, was er dachte. Er hatte Narrenfreiheit. Einem Narren konnte niemand etwas übelnehmen! Sind die Stimmen moderne Hofnarren? Sagen sie uns verschlüsselt, was *wir* nicht hören wollen oder können?

Die Informationspolitik hat sich radikal geändert. Heutige Könige sind wie wir alle unendlich vielen, ja, zum Teil sich widersprechenden Informationsquellen ausgesetzt: Zeitung, Radio, Fernseher, Telefon, Telefax, Internet. Unendlich viele Daten schwirren durch Äther und Rechner. Wir alle werden mit Informationen überschüttet und können ohne zuverlässige Filter kaum noch unterscheiden, was für uns bestimmt und was ohne Bedeutung ist. Manche Menschen gehen unbehelligt durch die Flut der Informationen. Andere schwimmen mit dem Strom, ohne irgendein prägendes Ufer wahrzunehmen. Wieder andere scheinen besonders reizoffen zu sein. Die meisten von uns blenden bedrohliche Eindrücke ab einer bestimmten Alltäglichkeit aus. Wir wollen und können uns nicht aller möglichen Risiken und Gefahren bewußt sein. Doch niemand kann ausschließen, daß sie unbewußt weiterwirken. Wer oder was hilft uns beim Filtern? Wer sorgt dafür, daß wichtige Informationen durchdringen und bei uns ankommen?

Unser Gehirn besteht aus Milliarden von Nervenzellen, die in nahezu unendlich vielen Knotenpunkten miteinander verschaltet sind. Nicht alle Bahnen werden ständig gebraucht. Manche Schaltungen funktionieren mit der Zeit besser und schneller als andere. Unsere neurologische Struktur ist keineswegs festgefügt und unveränderbar, sondern entwickelt sich, beeinflußt von unseren Wahrnehmungen und Erfahrungen, ständig weiter. Wenn uns nun Stimmen von Verstorbenen erreichen, wenn uns plötzliche Eingebungen erschrecken oder vor tatsächlichen Gefahren warnen, nehmen wir in diesem Moment zuviel wahr? Oder haben wir vorher zuwenig wahrgenommen? Spielt das Gehirn verrückt, oder reagiert es nur ungewohnt auf ungewohnte Impulse?

Die potentiell unendliche Flut von Informationen, die uns täglich erreicht, muß vom Gehirn gebändigt werden. Beeinflußt von Erfahrungen und Erwartungen und abhängig vor allem von unserer emotionalen Gestimmtheit, werden eingehende Informationen so oder so verknüpft und so oder so abgelegt. Wenn das Gehirn uns Stimmen »einspielt«, verläßt es anscheinend die gewohnten Bahnen. Es spielt verrückt. Man könnte auch sagen: Es spielt Hofnarr.

Beim Stimmenhören ist das Sprachzentrum aktiv. Das Gehirn spiegelt ein inneres Sprechen, einen inneren Dialog wider. Normalerweise können wir leicht unterscheiden zwischen innerlich und äußerlich Gehörtem. Doch beim Stimmenhören scheint die Rückkoppelung zur eigenen Erfahrung nicht ohne weiteres zu gelingen. An dieser Stelle fordern die Hirnforscher die klinischen Psychologen zur Hilfestellung auf: Wenn es dem Gehirn alleine nicht gelingt, dem Gehörten Erfahrungen zuzuordnen und so Bedeutung zu verleihen, muß die Psychologie eben helfen. Während in der Psychiatrie noch gelehrt wird, den Stimmen keine Bedeutung beizumessen, rufen Psychologen und Hirnforscher zum Umdenken auf.

Ob und wie wir hören, entscheidet nicht unser Ohr, sondern unser Gehirn. Stimmenhörer hören akustische Signale, obwohl dem Ohr nichts vorliegt. Insofern wird die vorschnelle psychologische Deutung, daß alle Informationen selbstverständlich aus dem Unbewußten stammen, erst einmal abgewehrt.

»Solche Ausdrücke würde ich nie gebrauchen«, versichert Frau Beine. Sie ist empört, mit welchen Wörtern ihre liebsten Verwandten belegt werden. Sie traut sich kaum noch auf Familienfeste, seit die Stimmen ihr unflätige Bemerkungen zuraunen. Sie hat große Angst, die Schimpfwörter könnten ihr tatsächlich mal rausrutschen. Dann wäre sie endgültig unten durch.

Wir sprechen lange über ihre Angst, den Anschluß an die Familie zu verlieren. Und über die Familienfeste, die sich als überwiegend langweilig herausstellen. Sie schildert mir die einzelnen Verwandten. Ich mache ihr Mut: Mir gegenüber könnte sie den Wahrheitsgehalt der Ausdrücke doch ohne Risiko offen überprüfen. Inzwischen treffen wir uns nach jedem Familienfest, und Frau Beine erzählt mir von den unverschämten Einfällen ihrer Stimmen. So ist sie auf den Festen unbefangener. Und manchmal amüsieren wir uns anschließend gemeinsam darüber, was den Stimmen wieder alles eingefallen ist.

Widersprüche

Jedes zweite Kind hat irgendwann im Alter zwischen vier und sechs einen eingebildeten Spielkameraden. Alte Menschen hören oft die Stimmen ihrer verstorbenen Partner oder Kinder. Möglicherweise müssen wir auch bei erwachsenen Menschen genauer hinsehen, um zu entdecken, daß die Stimmen gleichzeitig eine destruktive *und* eine konstruktive Bedeutung haben können.

Tief im Inneren bin ich überzeugt, daß fast alle Menschen in sich verschiedene Eigenschaften oder Wesenheiten tragen, die nicht so ohne weiteres in Einklang zu bringen sind. Wie könnte es in einer zunehmend vielfältigen und widersprüchlichen Welt auch anders sein? Wir alle müssen auf irgendeine Weise lernen, mit unseren inneren Spannungen und Widersprüchen zu leben. Wir stehen im Leben vor vielen wichtigen Entscheidungen, und die verschiedenen Möglichkeiten sind mit viel Energie geladen. Warum sollte die nicht gelebte Variante nicht irgendwie weiterwirken? So viele Informationen stürmen auf uns ein, daß wir unseren »Arbeitsspeicher« mit Filtern schützen müssen. Wo bleiben die unverarbeiteten Eindrücke? Unsere Gefühle sind oft so vielfältig, daß uns die Worte dafür fehlen. Kann es da verwundern, wenn die unbegriffenen Stimmungen unsere Seele trotzdem erreichen und uns im Unterbewußtsein weiter beeinflussen?

Jeder Mensch ist so voller Erfahrungen, Befürchtungen und Hoffnungen, daß das »Material« für mindestens tausend Stimmen reichen müßte. Wie viele Wesen erschaffen wir in Träumen, die in irgendeiner Form Anteile von uns selbst oder Alltagsbegebenheiten spiegeln. Wir sollten uns eher wundern, warum so viele Menschen keine Stimmen hören. Unsere Widersprüchlichkeit mag unterschiedlich ausgeprägt und verschieden bewußt sein. Vor allem aber hängt es von unseren unterschiedlichen gesellschaftlichen Möglichkeiten und »Ressourcen« ab, wieviel von unseren verschiedenen Seiten wir nach außen bringen und verwirklichen können. Manche haben einen ausreichend tragfähigen sozialen Rahmen, um ihren Widersprüchen Raum zu geben und ihre innere Vielfalt auszuleben und zu integrieren, andere haben diese Möglichkeit nicht.

Lange Zeit waren die Menschen im Umgang mit ungewöhnlichen Seelenäußerungen großzügiger als heute üblich. In der Romantik beispielsweise mußte ein Mensch mit übersinnlichen Wahrnehmungen nicht besonders auffallen. Die Weltliteratur ist voller Beispiele von Personen, deren Charakter und Kreativität durch Eingebungen oder Einflüsterungen bereichert wurde. Hervorragende Gestalten aller Epochen haben Stimmen gehört:

– Jeanne d'Arc wurde von Stimmen dazu gebracht, Frankreichs Heer in den Sieg über die englischen Belagerer zu führen. Sie wurde zur Nationalheldin, später dennoch aus politischen Gründen als Hexe verbrannt.
– Der heilige Franz von Assisi vernahm eine Stimme, die ihm befahl, das verfallene Haus Gottes wiederaufzubauen.
– Johann Wolfgang Goethe pflegte ausgiebige Diskussionen mit imaginären Gesprächspartnern zu führen.
– Gotthold Ephraim Lessing berichtet über Stimmen, die ihn mitten in der Nacht weckten und ihm schreckliche Vorwürfe machten.
– Der Schriftsteller Robert Louis Stevenson, der Dr. Jekyll und Mr. Hyde erschuf, unterhielt sich mit kleinen charakterlosen Gesellen, die er Brownies nannte.

Die Liste berühmter Stimmenhörer ließe sich noch beliebig erweitern. Wie das Hören von Stimmen bewertet wird, ist offensichtlich auch von der sozialen Situation des einzelnen und von den gesellschaftlichen und kulturellen Bedingungen abhängig.

Auch heute noch gibt es Kulturen, in denen das Hören von Stimmen sehr viel mehr verbreitet ist und sehr viel besser akzeptiert wird als in der modernen westlichen Welt. In Westafrika haben nach Untersuchungen des niederländischen Ethnologen Joop de Jong bis zu 50 Prozent der Menschen irgendwann in ihrem Leben akustische Halluzinationen. Und in einigen indianischen Kulturen gehörte es sogar zum Ritus des Erwachsenwerdens, junge Männer einsam und nur mit ausgewählter Nahrung so lange in den Wald zu schicken, bis sich Halluzinationen einstellten. Wer keine Stimmen hörte, war nicht »normal« und konnte kein Krieger werden.

Anthropologen wie Julian Jaynes glauben sogar belegen zu können, daß in der Frühzeit des Menschen das Stimmenhören eine verbreitete Form des Denkens war. Demnach wäre das Stimmenhören nicht nur in der Kindheit des einzelnen, sondern auch in der früheren Geschichte der Menschheit nicht so ungewöhnlich, wie wir heute annehmen. Im kulturhistorischen Vergleich leben wir in einer relativ kurzen Zeit, in der das Stimmenhören als pathologisch gilt. Und inzwischen verbinden Philosophen wie der in England lebende polnische Jude Zygmunt Bauman mit dem Ende der Moderne die ernüchternde Hoffnung, daß sich doch nicht alles Ungewöhnliche reibungslos erklären läßt und daß wir in der sogenannten Postmoderne wieder duldsamer werden mit inneren und äußeren Widersprüchen.

Erfahrungsberichte

Hannelore Klafki
Meine Schutzengel, meine Quälgeister

Kurz vor meinem sechzehnten Geburtstag geschah etwas, das ich wohl nie vergessen werde. Ich war allein zu Hause und hörte plötzlich, wie ganz laut mein Name gerufen wurde – zuerst nur von einer Person, dann von mehreren. Ich schaute aus den Fenstern zum Hinterhof und zur Straße, öffnete alle Türen, auch die Haustür, und erst nachdem ich niemanden entdeckt hatte, kam der Schreck. Ich flüchtete auf die Straße, rannte ziellos einfach nur weg und hatte nachher Mühe, wieder nach Hause zu finden. Zu Hause erzählte ich niemandem, was passiert war. Eine vertrauensvolle Beziehung zu meiner Mutter war mir im Laufe der Kindheit verlorengegangen.

Ich wurde 1952 in Fürstenwalde, einer Kleinstadt bei Berlin, als siebtes Kind geboren, ein Jahr später kam noch ein Bruder zur Welt, zwei Geschwister starben sehr früh. Meine Mutter hatte also für sechs Kinder zu sorgen, außerdem für meinen krebskranken Vater, der 1956 starb. Irgendwann lernte sie einen Mann aus West-Berlin kennen, den sie später auch heiratete. 1958 flüchtete sie mit den drei jüngsten Kindern nach West-Berlin. Nach einer längeren Zeit im Auffanglager Marienfelde bekamen wir eine Wohnung in Charlottenburg.

Meine Mutter ließ sich von ihrem Mann, den ich nur

betrunken und prügelnd in Erinnerung habe, scheiden. Natürlich mußte sie arbeiten, und so wuchsen wir als sogenannte Schlüsselkinder heran und wurden recht früh selbständig. Die Wohnung war groß und teuer, weswegen wir ständig wechselnde Untermieter hatten. Irgendwann zog ein Mann ein, mit dem sich meine Mutter befreundete, der sich aber mehr für uns Mädchen interessierte und mit dem ich sehr unschöne sexuelle Erfahrungen machen mußte. Nach einer mir ewig erscheinenden Zeit wurde endlich alles aufgedeckt, und er wurde nach einer Gerichtsverhandlung zu mehreren Jahren Haft verurteilt.

Noch heute habe ich Schuld- und Schamgefühle, wenn ich daran zurückdenke. Vor allem verstehe ich nicht, daß meine Mutter, die von allem wußte, mir nicht geholfen hat. Versuche, mit ihr darüber zu reden, sind mißglückt. Heute ist sie über achtzig Jahre alt und hat alles so erfolgreich verdrängt, daß sie wahrscheinlich tatsächlich nichts mehr weiß. Ich habe es aufgegeben, Licht in dieses dunkle Kapitel zu bringen. Heute hasse ich sie dafür auch nicht mehr. Es heißt vielleicht nicht umsonst, die Zeit würde alle Wunden heilen.

Doch zurück nach Charlottenburg. Meine Schwester zog aus, ich mußte bleiben. Ein neuer Untermieter zog ein, mit dem sich meine Mutter wieder befreundete und den sie dann auch heiratete. Für mich war das unfaßbar, denn dieser Mann war jünger als mein ältester Bruder und versuchte, eine Vaterrolle einzunehmen. Wenig später (wir sind inzwischen im Jahr 1968) beendete ich die Realschule. Eigentlich sollte ich jetzt auf die Höhere Handelsschule gehen, gleichzeitig hatte ich einen Ausbildungsplatz zur Reisebürokauffrau in Aussicht. Ich konnte mich nicht entscheiden, führte heftige Auseinandersetzungen mit meiner Mutter und deren Mann und zog mich immer mehr in mein Zimmer zurück.

Kurz vor meinem sechzehnten Geburtstag kam also dieser Nachmittag, an dem ich zum erstenmal Stimmen hörte.

Ein paar Tage später, ich war wieder in meinem Zimmer, hörte ich durch den Türspalt ein Raunen und Wispern. Ich war wie erstarrt und konnte deutlich verstehen, wie sich mehrere Leute über mich unterhielten. Sie waren bösartig und benutzten gemeine und obszöne Ausdrücke. Ich hatte wahnsinnige Angst, trotzdem riß ich irgendwann die Tür auf, um zu sehen, wer da redete. Der Mann meiner Mutter war in der Küche und schaute mich wohl ziemlich verdutzt an, als ich ihn fragte, wer noch in der Wohnung sei. Ich war vollkommen durcheinander und verstand die Welt nicht mehr.

Anfangs konnte ich mich retten, indem ich auf die Straße flüchtete, denn da waren sie nur in der Wohnung. Dann aber kamen sie mit auf die Straße und beschimpften mich unflätig. Angst, Schreck, Verwirrung und der alles beherrschende Gedanke »Jetzt werde ich verrückt« – das alles hat sich fest als Erinnerung eingegraben. Mit jemandem darüber zu reden kam auf gar keinen Fall in Frage. Was sollte ich sagen: Ich höre Leute reden, kann sie aber nicht sehen? Nein, das ging nicht. Es reichte schon, daß ich mich selber für verrückt hielt, das sollten nicht auch noch andere von mir denken.

Eigentlich müßten zumindest meine Mutter und deren Mann etwas bemerkt haben, denn rückblickend glaube ich schon, daß ich »auffällig« war. Vielleicht waren sie aber zu sehr mit sich beschäftigt oder schoben mein merkwürdiges Verhalten auf die Pubertät. Schließlich traute ich mich kaum noch aus meinem Zimmer und war dann so am Ende und entnervt, daß ich versuchte, mir die Pulsadern aufzuschneiden. Natürlich gab es ein großes Theater. Meine Mutter versuchte, alles zu vertuschen, und steckte mich ins Bett. Alle fragten, warum ich das gemacht hätte. Ich antwortete, daß ich unglücklich verliebt sei. Mit dieser Erklärung konnten sie etwas anfangen, und langsam ließen sie mich wieder in Ruhe.

Die folgenden vier Jahre waren ziemlich schlimm für mich, brachten schließlich aber auch die Wende. Ich begann, körperlich auf die Stimmen zu reagieren, das heißt, ich kollabierte, wenn sie zu unerträglich wurden. Sie kamen, mehr oder weniger intensiv, ungefähr ein- bis zweimal im Monat. Wenn sie nicht da waren, lebte ich ständig in der Angst, daß sie jeden Moment wiederkommen könnten. In dieser Zeit kam ich oft mit dem Notarztwagen in die Klinik, in der ich auf epileptische Anfälle untersucht wurde. Hier machte ich auch meine erste Bekanntschaft mit der Psychiatrie. Nie werde ich diesen großen Wachsaal in Spandau vergessen, wo ich zwischen fixierten und mit Medikamenten vollgepumpten Menschen lag. Die Zustände waren schrecklich, trotzdem ebbte hier immer die Angst vor den Stimmen ab.

Bei einem dieser Klinikaufenthalte kamen plötzlich neue Stimmen hinzu, die mich trösteten und mit mir redeten wie mit einem kleinen Kind. Das war der Wendepunkt. Ich weiß nicht, wie mein Leben weiter verlaufen wäre, wenn sie nicht aufgetaucht wären. Sie kamen immer öfter und stritten sich um mich mit den anderen. Sie schafften es, meine Quälgeister zu verdrängen, und ich lebte wieder auf. Mit ihnen konnte ich sprechen und endlich über meine Angst vor den anderen reden. Sie konnte ich auch fragen, wer sie sind, aber ich verstand die Antworten nicht. Ich gewöhnte mich an sie, obwohl sie manchmal störten, wenn sie zu laut waren. Ich versprach ihnen, daß wir uns immer unterhalten könnten, wenn ich allein mit ihnen sei. Dafür mußten sie mir versprechen, mich in Ruhe zu lassen, wenn ich mit anderen Menschen zusammen war. Das hat eigentlich ganz gut geklappt.

Wenn die Quälgeister kamen, was jedesmal ein neuer Schreck war, wurde ich nun von den positiven Stimmen beschützt. Je nach Intensität reagierte ich. Ich kollabierte immer seltener, und meist reichte es jetzt, wenn ich mich mit angeblichen Kopf-, Magen- oder anderen Schmerzen ins Bett flüchtete, bis die Quälgeister weg waren. An die

Höhere Handelsschule oder eine Ausbildung zur Reisebürokauffrau war für mich nicht mehr zu denken, denn sie nahmen mich geistig sehr in Anspruch. Meine Mutter war sauer, weil ich ihr auf der Tasche lag und nichts tat. Ich mußte etwas finden, bei dem ich nicht zuviel denken mußte. Obwohl die Quälgeister mich auch in dieser Zeit überfielen, schaffte ich mit Hilfe der positiven Stimmen die Ausbildung zur Gewerbegehilfin im Bäckereihandwerk. Ich lernte einen Mann kennen, heiratete ihn und konnte endlich von zu Hause ausziehen.

Sosehr ich mich inzwischen an meine Stimmen gewöhnt hatte, nervte mich ihr Gequassel doch manchmal ziemlich. Aber ich lernte, daß ich sie von mir ablenken kann. Wenn ich nämlich viel unternahm, wurden sie leiser und bestärkten mich sogar weiterzumachen. Nicht zuletzt aus diesem Grund war ich in den siebziger Jahren politisch so aktiv. Ich war im Vietnamausschuß, in der Liga gegen den Imperialismus, Sympathisantin der KPD, schließlich auch Wahlkandidatin dieser Partei in Charlottenburg.

Meine Stimmen hatten die gleiche politische Meinung wie ich, trotzdem hatten wir oft Diskussionen, die mir halfen, meinen politischen Standpunkt zu festigen. Sie zerfielen Gott sei Dank nicht in verschiedene Fraktionen, maulten aber oft, daß ich durch die vielen Termine nicht genug Zeit für sie hätte. Das war alles eigentlich ganz positiv und angenehm. Als ich mich dann aber von der KPD zurückzog, weil ich erkannte, wie frauenfeindlich diese Partei war, gab es ein großes Theater. Sie wollten nicht zulassen, daß ich mit der politischen Arbeit aufhörte, zogen sich von mir zurück, weil ich nicht auf sie hörte, und plötzlich kamen die entsetzlichen Quälgeister wieder.

Keiner war mehr da, um mich vor ihnen zu schützen, und ich erlebte noch einmal einen schlimmen Einbruch. Ich schluckte ein ganzes Röhrchen Schlaftabletten, wurde aber doch rechtzeitig gefunden und kam wieder nach Spandau in die Psychiatrie. Als ich zu mir kam, waren die Quälgeister weg und meine Schutzengel Gott sei Dank wieder da. Wir sprachen nicht mehr über die politische Arbeit, aber ich nahm mir für die Zukunft vor, meine Meinung ihnen gegenüber nicht mehr so rigoros zum Ausdruck zu bringen.

Nach meiner Entlassung trennte ich mich auf Anraten meiner Stimmen von meinem Mann und bezog zum erstenmal allein eine Wohnung. Das war sicher ein guter Rat, und sie hatten recht, als sie mir sagten, daß ich ihn nur benutzt hätte, um von zu Hause wegzukommen. Es folgte eine schöne Zeit, und nur kleinere Einbrüche beeinträchtigten mich. Ich engagierte mich in einer Mieterinitiative, in verschiedenen Frauengruppen und gab meinen ungeliebten Beruf auf. Ich jobte in allen möglichen Bereichen, bis ich 1978 eine Arbeit als Krankenpflegehelferin fand. Das gefiel mir, und von nun an blieb ich in diesem Bereich tätig.

Ich arbeitete meist nur dreißig Stunden in der Woche, und das auch nur im Spät- oder Nachtdienst. Wenn meine Stimmen zu laut wurden oder meine Quälgeister wiederauftauchten, was inzwischen sehr selten war, ging ich zu einem Arzt und ließ mich wegen irgendwelcher körperlichen Leiden krank schreiben; da war ich sehr erfinderisch. Langsam pendelten sie sich aber auf ein Maß ein, mit dem ich ohne große Beeinträchtigungen leben konnte. Sie sind am besten mit dem Stimmengemurmel in einem Kino, Theater, Café oder ähnlichem zu vergleichen. Meist bemerken wir dieses Stimmengemurmel gar nicht, weil wir es ignorieren, und hören es nur dann, wenn wir uns darauf konzentrieren.

Ich liebte die Morgenstunden, in denen ich vor mich hin trödelte und vor meinem Kaffee saß. Dann kamen sie oft, und wir hatten interessante und angeregte Gespräche über Gott und die Welt, aber vor allem über den Sinn des Lebens und das Leben nach dem Tod. Ich denke, wir alle haben unsere Schutzengel, nur können sich eben nicht alle mit ihnen unterhalten. Ein wichtiger Punkt war sicher auch, daß sie mir einschärften, nie wieder einen Suizidversuch zu machen, sonst könnte ich nicht irgendwann in ihre Welt kommen und wiedergeboren werden. Deshalb lebe ich wahrscheinlich noch, denn in meinem Leben gab es leider mehrere Situationen, in denen ich mich am liebsten umgebracht hätte. Doch ich greife vor.

Noch war das Leben wunderbar, und alles wäre vielleicht so geblieben, wenn nicht meine sogenannte große Liebe aufgetaucht wäre. Trotz der Warnungen meiner Stimmen heiratete ich ihn, gab alle anderen Freunde und meine Arbeit auf und zog mit ihm nach Westdeutschland, wo er sich selbständig machte. Ich fand zunächst eine schöne Arbeit in einem Blindenheim, wo ich sehr selbständig arbeiten konnte und als direkten Vorgesetzten nur den Heimleiter hatte. Während dieser Arbeit mit den blinden und sehbehinderten Menschen bemerkte ich, daß es mir Freude machte, aus Ton kleine Figürchen zu formen. Hier wurde der Grundstein für meine spätere künstlerische Arbeit gelegt.

Doch mein Mann verlangte, daß ich diese Arbeit aufgeben sollte. Ich sollte zu Hause bleiben und den Haushalt führen. Abgeschnitten von jeglichen Kontakten war ich vollkommen auf ihn angewiesen und bald finanziell und psychisch total abhängig von ihm. Fassungslos mußte ich erleben, wie er sich zum Tyrannen entwickelte und mich immer mehr, zuerst nur psychisch und dann auch körperlich, mißhandelte. Die Firma entwickelte sich schlecht, und bald mußte der Konkurs angemeldet werden. Er begann zu trinken, und die Mißhandlungen wurden immer heftiger.

In so einer Situation stieg ich zum erstenmal aus meinem Körper aus. Ich schwebte ganz real an der Zimmerdecke und sah von oben zu, was passierte. Es berührte mich nicht mehr, im Gegenteil, ich versuchte zu ergründen, warum dieser Mann seiner Frau so etwas antat. Manchmal war es sehr schwierig, in meinen Körper zurückzufinden, und ich mußte mir heftig auf Arme und Beine schlagen, bis ich meinen Körper wieder spürte und in ihn zurückkehren konnte.

In dieser Zeit waren meine Stimmen der einzige Halt, den ich hatte. Sie konnten mich zwar nicht beschützen, aber sie trösteten mich, und manchmal hatte ich das Gefühl, gestreichelt zu werden. Sie redeten auf mich ein, daß ich ihn verlassen sollte, aber da ich ja keinen Pfennig Geld hatte, wußte ich nicht, wie ich nach Berlin zurückkommen sollte. Er war es, der schließlich ging und mich mit einer halben Million Schulden sitzenließ. Ich rief heulend meine Schwester an, und mein Schwager kam, um mich nach Berlin zurückzuholen. Gleich nach meiner Rückkehr reichte ich die Scheidung ein und begann wenig später mit der Umschulung zur Krankenschwester.

Im Laufe dieser Ausbildung kamen zu meinen Schutzengeln immer häufiger andere Stimmen hinzu, die mich sehr störten und stark beunruhigten. Sie waren wie Kobolde, die mich nachäfften, meine Gesprächspartner ins Lächerliche zogen oder alle meine Äußerungen kommentierten. Ich mußte mich in immer kürzeren Abständen krank schreiben lassen. Kurz vor dem Examen waren fast alle meine Schutzengel weg oder machten bei dem störenden Nachäffen und Kommentieren mit. Sie wurden immer weniger, dafür um so gehässiger, hielten mich vom Schlafen ab und verboten mir zu essen. Ihr Charakter war anders als der meiner Quälgeister, die mich immer plötzlich und dann sehr derb und obszön überfallen hatten. Die waren aber lange nicht mehr aufgetaucht. Diese neuen Stimmen kamen eher schleichend hinzu.

Irgendwann war ich ein richtiges Nervenbündel und fuhr zu meiner Schwester, weil ich nicht mehr weiterwußte und ihr deswegen endlich von allem erzählen wollte. Aber die Stimmung war gespannt, ich fand keine Gelegenheit, mit ihr allein zu reden, und fuhr wieder zurück. In der U-Bahn hatte ich auf einmal das deutliche Gefühl, daß die gemeinste der Stimmen in meinen Kopf kroch. In Form einer undefinierbaren Automatenstimme kamen plötzlich aus meinem Ohr die schlimmsten Beschimpfungen und Befehle, die alle darauf hinausliefen, daß ich nicht wert sei zu leben und daß ich mich auf dem schnellsten Wege umzubringen hätte.

Noch in der U-Bahn stieg ich aus meinem Körper aus und weiß nicht mehr, was dann im einzelnen passierte. Das nächste, woran ich mich erinnern kann, ist, daß jemand in einer psychiatrischen Klinik mit mir sprach und ich nicht reagieren konnte. Ich mußte lange in dieser Klinik bleiben, erzählte aber nichts von den Stimmen. Die Ärzte diagnostizierten eine schwere Depression. Das Auftauchen dieser entsetzlichen Automatenstimme erschreckte mich noch mehr als die Stimmen beim allerersten Mal. Fast ein Jahr lang war ich handlungsunfähig, dann brach ich die Krankenpflegeausbildung ab. Seitdem habe ich nicht mehr arbeiten können, und irgendwann steuerte mich die Krankenkasse aus, wodurch ich zur Sozialhilfeempfängerin wurde.

1990 kam der nächste Wendepunkt in meinem Leben, denn ich gestand während eines erneuten Klinikaufenthaltes einer Ärztin gegenüber ein, daß ich Stimmen höre. Das habe ich inzwischen teuer bezahlen müssen, denn dadurch erhielt ich fünf verschiedene psychiatrische Diagnosen, von denen die angebliche Schizophrenie mich am meisten traf. Alle möglichen Neuroleptika wurden bei mir ausprobiert, gegen die die Stimmen aber alle immun sind. Mein schlimmstes Erlebnis in dieser Richtung war, als ich Haldol bekam. Ich war wie eine Puppe und empfand meinen Körper wie einen Hohlkörper, in dem die Stimmen ganz laut hallten, als ob man in einen langen Gang oder Tunnel ruft.

Inzwischen lehne ich Medikamente kategorisch ab. Nur in Krisensituationen akzeptiere ich für kurze Zeit Fluanxol, das bei mir die Angst dämmt, und ein Beruhigungsmittel zum Einschlafen. Die verschiedenen Diagnosen der Psychiater verunsicherten mich ziemlich, vor allem ließen mich ihre Beteuerungen, daß ich unheilbar psychisch krank sei, befürchten, daß mit mir wirklich etwas nicht stimmt. Ich resignierte und ergab mich sozusagen in mein Schicksal. Das hatte leider zur Folge, daß die Stimmen sehr laut und aggressiv wurden. Ich führte praktisch einen Dauerkampf gegen sie, was mich zur Drehtürpatientin in der Psychiatrie machte. 1992 wurde ich zur Erwerbsunfähigkeitsrentnerin – auch die Gutachterin der BfA kam zu dem Schluß, daß ich schizophren sei.

Kurz vor der Berentung lernte ich eine psychosoziale Kontakt- und Begegnungsstätte in Schöneberg kennen. Dadurch wurde meine Isolation aufgebrochen, und die tiefen Löcher, in die ich jedesmal nach einer Entlassung aus der Klinik fiel, wurden abgemildert. Hier fand ich Anerkennung, und mein lädiertes Selbstwertgefühl wurde langsam wieder aufgemöbelt. Ich fand zu meiner Aktivität zurück, die sich zuerst nur auf den Treffpunkt und auf die Psychiatrieszene beschränkte. Wie früher konnte ich meine Stimmen von mir ablenken, wenn ich viel unternahm – sie hatten wieder geistige Nahrung.

Zu einer der Mitarbeiterinnen entwickelte ich ein ganz besonderes Vertrauensverhältnis. Ihr konnte ich von meinen Problemen mit den Stimmen erzählen. Sie erzählte mir nicht, daß ich schwer psychisch krank sei, und fragte auch nicht, welche Ursachen mein Stimmenhören haben könne, sondern gab mir praktische Tips, die mich im Kampf gegen die aggressiven Stimmen unterstützten. Wir durchlebten gemeinsam Krisensituationen, bei denen die Klinik nicht immer verhindert werden konnte, doch die Aufenthaltsdauer verkürzte sich immer mehr, und ich konnte mich den Ärzten gegenüber immer besser durchsetzen. Heute wagt keiner mehr, mir Haldol anzubieten.

Ich versuche, vor dem Auftreten der Automatenstimme in die Klinik zu kommen, denn die löst immer noch Panik aus und zwingt mich, aus meinem Körper auszusteigen. Das bedeutet, daß ich mich den Konfliktsituationen, auf die mich die Stimmen durch ihr Lauterwerden aufmerksam machen, stellen muß. Diese Einsicht verdanke ich sicher der erwähnten Mitarbeiterin, die gemeinsam mit mir zu ergründen versuchte, warum die Stimmen manchmal so laut werden und mich nicht zur Ruhe kommen lassen.

Ihr und ihren Kolleginnen verdanke ich es auch, daß ich vom Bundesverband der Psychiatrieerfahrenen und von den Stimmenhörernetzwerken in England und Holland erfuhr. Angelehnt an die Psychoseseminare wurde im Treffpunkt eine sogenannte »Trialoggruppe« eingerichtet, die aus Angehörigen, Psychiatrieerfahrenen und Profis bestand. Erst hier lernte ich – zuerst vorsichtig, dann immer unbefangener –, in einer Gruppe über meine Stimmen zu sprechen. Hatte ich anfangs nur von den Extremsituationen und den schlimmen Stimmenerlebnissen sprechen können, konnte ich zum Schluß zugeben, daß ich auch positive Stimmen höre. Das gelingt mir aber nach wie vor nur begrenzt, und auch heute noch habe ich dabei ein schlechtes Gewissen, als gäbe ich intime Geheimnisse von Freunden preis.

Mein Leben hatte wieder einen Inhalt und normalisierte sich mehr und mehr. Zusätzlich zu der Arbeit in der Psychiatrieszene bekam ich immer mehr Anerkennung für meine Figuren aus Speckstein und Modelliermasse. Ich konnte mich an zwei Ausstellungen beteiligen und hatte inzwischen auch eine eigene. Wenn meine Stimmen nicht gewesen wären, hätte ich das sicher schon längst aufgegeben. Sie sind in diesem Bereich viel besser als ich und gaben mir in der Vergangenheit und geben mir auch heute noch viele Tips, Verbesserungsvorschläge und Anregungen.

Ich lernte immer mehr Stimmenhörer kennen und merkte, wie normal und gut wir uns über unsere Stimmen austauschen können. Da nicht nur ich sehr unzufrieden mit den psychiatrischen Behandlungsmodellen bin, kam ich auf die Idee, eine Stimmenhörergruppe zu gründen. Ich denke, wir Stimmenhörer können uns vielleicht besser helfen als die Psychiatrie mit ihren Medikamenten. Unsere Stimmenhörergruppe, die nach einer etwas zähen Anlaufzeit jetzt seit Januar 1997 existiert, wächst langsam, aber kontinuierlich. Wir treffen uns zweimal im Monat, tauschen uns aus, haben inzwischen einen Aufruf für die Gruppe veröffentlicht, ein Heft »Unser kleines Stimmenhörer-Journal« herausgebracht und eine Stimmenhörertagung in Berlin organisiert.

Alle sagen, daß sie gern in die Gruppe kommen, und auch mir persönlich bedeutet die Gruppe sehr viel. Mein Blickwinkel hat sich erweitert, und ich schmore nicht mehr allein im eigenen Saft. Die Erfahrungen und Erlebnisse der anderen können manchmal schon belastend sein, und die unterschiedlichen Erklärungen und Strategien wirbeln mich zeitweise ganz schön durcheinander, trotzdem sind wir froh, daß wir uns gefunden haben. Durch die Gruppe habe ich gelernt, daß ich meine Stimmen nicht isoliert, sondern in Zusammenhang mit meiner Biographie sehen sollte.

Einige in der Gruppe meinen, daß die Stimmen unsere hörbar gewordenen Gedanken sind und daß wir durch bestimmte Erlebnisse Teile unseres Unterbewußtseins hören. Mit diesem Gedanken kann ich mich nicht anfreunden, denn ich kann mir nicht vorstellen, daß ich mich selber mit solchen unflätigen, derben und obszönen Ausdrücken beschimpfen könnte, die damals die Quälgeister gebrauchten und heute die Automatenstimme benutzt. Richtig ist aber sicher, daß viele in unserer Gruppe – vor allem die Frauen – sehr schlechte Erfahrungen und/oder Gewalterlebnisse hatten. Das hat mich anfangs erschreckt und erinnerte mich heftig an meine eigene Vergangenheit, an die ich doch eigentlich gar nicht mehr denken wollte. Ich wurde gezwungen, über mich nachzudenken, was mir viele schlaflose Nächte einbrachte.

Es kann schon sein, daß ich wegen meiner schlechten Erfahrungen Stimmen höre, ich glaube aber nicht, daß ich sie selbst erzeuge. Meine Überzeugung ist eher, daß ich durch diese Erfahrungen sensibel geworden bin. Nur besonders feinfühligen und sensiblen Menschen gelingt es, Stimmen zu hören und/oder Dinge zu sehen, die andere nicht erkennen können. Ich hätte meine Schutzengel vielleicht nie bemerkt, wenn mir das alles nicht passiert wäre. Wie wir Menschen haben sie ihre guten und schlechten Seiten, mit denen ich immer besser lerne umzugehen. Oft kann ich jetzt das Anschwellen ihres Gemurmels als Warnung erkennen. Irgend etwas ist dann bei mir nicht in Ordnung. Das kann zu großer Druck sein, oder eine Konfliktsituation, die ich noch nicht als solche erkannt habe. Es kann aber auch passieren, daß ich das erst hinterher nachvollziehen kann.

Mein sehnlichster Wunsch ist, daß ich vor allem lerne, mit der Automatenstimme umzugehen, und daß ich wie früher ohne große Beeinträchtigungen mit meinen Stimmen leben kann. Solange ich das aber noch nicht geschafft habe, bin ich weiterhin auf die Psychiatrie angewiesen. Wenn endlich unsere Forderung erfüllt werden würde, Krisenwohnungen oder Notschlafplätze einzurichten, müßte ich sicher nicht in die Klinik. Denn hier bin ich dann wieder den subjektiven Einschätzungen der Psychiater ausgeliefert, die in mir lediglich einen schwer schizophrenkranken Fall sehen – Beweis: Sie hört Stimmen. Wenn ich dann noch sage, daß ich meine positiven Stimmen nicht verlieren möchte, ist das nur ein weiterer Beweis dafür, daß ich krankheitsuneinsichtig bin, wo sie mich doch »heilen« wollen. Ich will aber nicht »geheilt« werden, sondern lernen, wie ich meine Kraft und Energie einsetzen kann, um die Automatenstimme zu verscheuchen. Wenn mir das endlich gelänge, könnte ich sagen: »Ich höre Stimmen und bin froh darüber«.

Karin E.
Anfangs war es wie ein Windwehen

Ich war Ende Zwanzig, als ich in eine große Krise geriet. Ich hatte eine Banklehre gemacht, danach das Abitur nachgeholt und Psychologie studiert. Bis zum Diplom war alles reibungslos gelaufen. Doch dieses Studium hat für mich schon bedeutet, nach den Sternen zu greifen. Ich komme aus relativ einfachen Verhältnissen, und vieles war mir an der Uni immer fremd geblieben. Meine Mutter war gestorben, als ich einundzwanzig war, ich hatte vier jüngere Geschwister zu versorgen und einen Vater, der in dieser Zeit auch wie ein Kind war, völlig depressiv und geknickt. Ich hatte das Gefühl, selber noch auf der Suche nach einer Heimat zu sein. Durch das Studium fühlte ich mich nicht qualifiziert, künftig anderen zu helfen.

Allmählich schrieben alle um mich herum ihre Diplomarbeiten – ich hab' sie alle getippt! –, nur ich kam nicht dazu. Ich habe dann erst mal gejobt und mich den Sannyasins* angeschlossen. Nach mehreren Reisen nach Oregon war ich entschlossen, in die große Sannyasinkommune in Freiburg zu ziehen. Erst als ich dort ankam, merkte ich, daß mir einiges überhaupt nicht gefiel: dort ohne eigenes Geld zu leben, zu Putzdiensten eingeteilt zu werden und solche Dinge.

Ich bin also nach G. zurückgekehrt, in die Stadt, in der ich studiert habe. Ich hatte in meinem jugendlichen Leichtsinn Wohnung und Job gekündigt, stand ohne Geld und ohne Dach über dem Kopf da. Meine Sannyasinfamilie hatte sich aufgelöst, zerstreut in alle Winde. Meine Erfahrungen

* Anhänger der Lehre des inzwischen verstorbenen Gurus Baghwan (heute Osho genannt), der Anfang der achtziger Jahre mit seiner Gemeinde von Poona/Indien nach Oregon USA umzog.

aus Oregon und Freiburg hatten mich zudem stark verunsichert. Als Sannyasin hatte ich mich kurz vor der Erleuchtung gefühlt. Und jetzt war ich hart auf den Boden der Realität geknallt. Das Studium mußte ich endgültig aufgeben, weil ich auf Sozialhilfe angewiesen war. Erst heute weiß ich, daß es Ausnahmeregelungen gibt, daß man weiter immatrikuliert bleiben darf, auch wenn man Sozialhilfe bezieht. Aber damals kam es mir auf jeden Tag an. Ich hatte kein Geld mehr, um mir Brot und Marmelade zu kaufen.

Ich konnte dann in der Wohnung eines alten Bekannten unterkommen. Dieses Zusammenwohnen endete traumatisch. Ich war schon oft verliebt gewesen, nie besonders glücklich, und in diesen Mitbewohner habe ich mich ebenfalls verliebt. Der wollte mich aber nicht. Ich mußte ausziehen und mir alleine eine Wohnung suchen.

Das war der Zeitpunkt, zu dem ich zum erstenmal Stimmen hörte. Damals war das noch ganz wenig, ganz leise. Es war wie ein Hauch aus dem Weltall, der über mich kam: Ich fand das interessant und merkwürdig und habe mit niemandem darüber gesprochen. Jahrelang ging das so.

Ich habe dann wieder gejobt, als Sekretärin und Sachbearbeiterin. Zwischendurch gab es immer wieder Phasen von Arbeitslosigkeit: Ich saß in meiner Wohnung, schrieb Bewerbungen und wurde immer depressiver. Äußerlich habe ich irgendwie noch funktioniert. Und plötzlich klappte es doch: Ich bekam einen Job im öffentlichen Dienst. Die Probezeit dort habe ich noch überstanden. Direkt danach bin ich so depressiv geworden, daß ich für ein halbes Jahr in die Klinik mußte. Ich hatte mich total überarbeitet, um diesen Job zu kriegen, und fühlte mich danach nur noch ausgebeutet und benutzt.

Nach der Behandlung in der Klinik ging es mir eigentlich ganz gut. Ich konnte an einen anderen Arbeitsplatz wechseln und wurde dort nach ganz kurzer Zeit mit der Leitung der Schreibabteilung beauftragt. Damit war ich allerdings völlig überfordert: Ich hatte bis zu diesem Zeitpunkt ein Jugendlichendasein geführt und sollte nun plötzlich erwachsen sein. Ich kannte die Spielregeln nicht, wußte nichts über Intrigen im Büro. Ich hatte nicht bedacht, daß mein Aufstieg für meine Kolleginnen bedeutete, daß ich mich von ihnen entfernt hatte, daß ich nicht mehr Gleiche unter Gleichen, sondern Vorgesetzte war. Alle Gespräche verstummten, wenn ich irgendwo auftauchte. Ich fühlte mich am Arbeitsplatz plötzlich sehr einsam. Das hat mich so geschockt, daß ich wieder krank wurde und mein Platz von jemand anderem eingenommen wurde.

Daraufhin habe ich beschlossen, daß mir dieser Job auf Dauer zu langweilig ist und ich mein Studium wiederaufnehmen will. In der Uni sagte man mir, ich müsse wieder ganz von vorne beginnen. Das hätte ich auch gemacht, weil mich das Studium inhaltlich interessierte. Ich hatte vor, nur noch halbtags zu arbeiten und damit das Studium zu finanzieren.

Tja, und an dem Tag, an dem ich auf eine halbe Stelle ging, fing es an. Von diesem Tag an wurden die Stimmen massiv. Bis dahin war das nur so ein Hauch, so ein Windwehen gewesen. Aber jetzt ging es los, wenn ich morgens wach wurde, und es hörte auch abends, wenn ich einschlafen wollte, nicht auf. Ich dachte, ich werde verrückt. Die Stimmen sagten fast zwanghaft immer wieder dasselbe. »Ich liebe dich, ich liebe dich nicht«, sagte die Stimme des Mannes, in den ich verliebt gewesen war. »Die verarschen dich, die töten dich«, hörte ich, sobald ich an meine Kolleginnen dachte.

Ich habe gesoffen, damit es weggeht. Ich habe mir eine halbe Flasche Rum reingekippt. Das hat dann eine halbe Stunde oder Stunde geholfen, länger nicht. Ich fühlte mich von den Stimmen völlig absorbiert, habe mich mit allen möglichen Freundinnen verabredet, um irgendwas reden zu können – denn dann waren die Stimmen weg. Ich war begierig nach jeder Minute, in der ich die Stimmen nicht hören mußte. Trotzdem bin ich weiter zur Arbeit gegangen. Mit Arbeit konnte ich mich etwas ablenken.

Als es völlig unerträglich wurde, bin ich zu einer Ärztin gegangen. Ich dachte, die stecken dich jetzt in die Psychiatrie. Die Ärztin meinte aber, das kriegen wir mit Medikamenten in den Griff. So begann meine Experimentierphase mit Neuroleptika: Ich habe in den letzten Jahren über zehn verschiedene Präparate ausprobiert, mit null Erfolg. Dann eröffnete mir 1994 oder 1995 die Ärztin, sie sei mit ihrem Latein am Ende. Alle Medikamente seien durchprobiert und nichts habe geholfen.

In diesem Moment habe ich geplant, mich umzubringen. Mit den Stimmen zu leben, das konnte ich mir nicht vorstellen. Ich hatte nie das Gefühl, den Realitätskontakt zu verlieren. Aber die Distanz zu dem, was die Stimmen sagten, wurde immer geringer. Ich fühlte mich untergraben von dieser Kraft, die stärker war als ich. Wenn die Stimmen mir jeden Tag sagten, meine Kolleginnen wollten mich töten, hatte ich dem nichts mehr entgegenzusetzen. Ich hatte auch versucht, einen Partner über Kontaktanzeigen kennenzulernen. Dazu sagte mir die Stimme immer wieder: »Das klappt nicht, das geht in die Hose.« Und dann wieder: »Dir fehlt ein Partner.«

Heute denke ich: Das sind zwei Pole in mir, die miteinander streiten aufgrund meiner Erfahrungen. Aber damals sah ich überhaupt keinen Ausweg mehr. Ich habe irgendwann einen Abschiedsbrief geschrieben, einen Fön genommen, eine Verlängerungsschnur, habe mich in die Badewanne gelegt und den Fön reinfallen lassen. Ich habe mir die Ohren zugehalten und auf einen großen Knall gewartet. Im Badewasser vibrierte es – und der Fön lief einfach weiter. Da kriegte ich es plötzlich mit der Angst zu tun. Ich habe den Fön gepackt, aus der Badewanne geschmissen, den Abschiedsbrief vernichtet, mich ins Bett gelegt und geschlafen. Am nächsten Tag bin ich wieder zur Arbeit gegangen. Ich war mit meinem Latein am Ende. Ein paar Wochen später habe ich mich dann freiwillig in einer Klinik angemeldet.

In der Klinik wurde mir gesagt: Ignorieren Sie die Stimmen! Werden Sie aktiver, dann treten die Stimmen in den Hintergrund. Daß das nicht funktioniert, wußte ich ja schon. Aber in der Klinik hatte ich tatsächlich vier bis sechs Wochen Ruhe vor den Stimmen. Vielleicht einfach nur deshalb, weil ich dort den ganzen Tag mit den Mitpatienten über meine Krankheit reden konnte.

Seit diesem Klinikaufenthalt ist das Leben aber nicht unbedingt leichter geworden. Jetzt spüre ich das Stigma, in der Psychiatrie gewesen zu sein. Meine Kolleginnen wissen das, aber als ich aus der Behandlung zurückkam, wurde es einfach totgeschwiegen. Keine fragte, wie es war, keine fragte, wie es mir geht. Ich habe einen Antrag auf Anerkennung als Schwerbehinderte gestellt, weil ich wegen der vielen Fehlzeiten Angst um meinen Arbeitsplatz hatte. Der Antrag wurde mit 70 Prozent anerkannt. So hatte ich es nun schwarz auf weiß: halluzinatorisch paranoide Psychose. Damit muß man erst mal fertig werden. So richtig identifizieren kann ich mich mit dieser Diagnose nicht. Ich kam aus der Klinik mit der Diagnose Psychose, und mit der Angst, keine Psychotherapie mehr zu kriegen, weil eine Psychose als unheilbar gilt. Ich habe gesucht wie nach der Nadel im Heuhaufen, bis ich eine Therapeutin gefunden habe, die bereit war, mit mir zu arbeiten. Die meisten lehnen einen schlichtweg ab, wenn sie hören, worum es geht. In dieser Therapie reden wir jetzt vor allem über meine Partnerschaftsprobleme. An den Stimmen hat das allerdings nicht viel geändert.

Irgendwann hab' ich von einer Freundin den Artikel über das Stimmenhören (»Hör mal, wer da spricht« von Irene Stratenwerth, Die Zeit, 20.10.1995) bekommen und an die Redaktion geschrieben. So kam ich in Kontakt mit ein, zwei anderen Betroffenen. Davor kannte ich niemanden, wirklich niemanden, der Stimmen hörte, und war mit diesem Problem völlig allein. Mit einer stimmenhörenden Frau habe ich mich dann hauptsächlich telefonisch unterhalten. Das fand ich schon extrem hilfreich. Ich dachte: Gott sei Dank gibt es eine, der es ähnlich geht wie dir.

Aber am Arbeitsplatz weiß nach wie vor niemand, was mit mir los ist. Das jeden Tag aufs neue zu vertuschen ist extrem belastend. Ich habe das Gefühl, zweihundertprozentig funktionieren zu müssen. Ständig darauf zu achten, so normal wie möglich zu sein, das fühlt sich an wie eine Zwangsjacke. Wenn ich Feierabend habe, bin ich fertig. Nicht von dem Job, den mach ich mit links. Aber der Kontakt mit den Kolleginnen ist ein Aderlaß, jeden Tag. Trotzdem habe ich panische Angst, denen zu erzählen, was mit mir los ist. Wobei das Verrückte ist, daß ich denke, die wissen das sowieso schon. Eigentlich gucken sie mich seit Jahr und Tag schon so an, als hätte ich nicht alle Tassen im Schrank. Es ist wie ein Spießrutenlaufen und verbraucht soviel Energie. Vielleicht wäre es wirklich gut für mich, damit offener umzugehen. Aus irgendeinem Grund habe ich aber panische Angst davor.

Dieser Satz, daß jede Krankheit sowohl Krise als auch Ausweg aus der Krise ist – so versuche ich, das Stimmenhören jetzt für mich zu verstehen. Ich frage mich: Was hat dieser Teil von mir, der da spricht, für mein weiteres Leben zu bedeuten? Tatsächlich fühle ich mich schon länger in einer Sackgasse. Vielleicht ist das ja die Lehre, die mir die Stimmen erteilen wollen: daß dieses Ziel, mein Studium wieder aufzunehmen, einfach zu hoch gesteckt war.

Ich würde gerne mit meinen Händen arbeiten. Massage, Shiatsu, so was liegt mir. Die Stimme sagt seit Jahr und Tag: »Du hast heilende Hände.« Ich habe immer geantwortet: »Du kannst viel erzählen … Ich bin froh, daß ich mein Geld verdienen kann, ich will nicht noch mal Veränderungen!«

Und meine Psychiaterin sagt mir: »Jede Veränderung ist ein Risiko, halten sie die Verhältnisse stabil.« Wie soll man da entscheiden? Also habe ich alles gelassen, wie es ist, habe aber das Gefühl, daß mir das nicht guttut.

Allmählich wird mir immer klarer: Es muß sich etwas ändern. Vielleicht habe ich ja doch noch mal die Chance zu einer Neuorientierung. Wenn es mir gelingt, der Bedeutung der Stimmen auf die Schliche zu kommen.

Inzwischen wage ich, das zu hoffen.

Günter Rieger
Meine 38 Jahre mit Stimmen

Seit meiner Kindheit hörte ich Stimmen. Seit nunmehr acht Jahren höre ich keine mehr. Ich möchte berichten, welche Rolle diese Stimmen in verschiedenen Lebensphasen für mich hatten. Die erste Phase mit den Stimmen kann ich eingrenzen: von der Geburt bis zur Abiturzeit – also von 1950 bis 1969.

Ich war das jüngste von vier Kindern erzkonservativer Eltern. Uns Kindern wurde das Führerprinzip gelehrt, und es galt, sich unter uns Kindern nach dem Ellenbogenprinzip durchzusetzen. Da war ich als Jüngster das schwächste Glied in der Kette und wurde von meinen Geschwistern täglich verprügelt. In dieser hilflosen Situation spielten die Stimmen für mich eine wichtige Rolle, um meine katastrophale Lage zu verbessern. Sie erzogen mich, sie kümmerten sich um mich. Es war ein wohliges Gefühl des Behütetseins.

Wenn ich Prügel bekam, beruhigten mich die Stimmen, und wenn ich mich verkrampfte, vielleicht sogar aus Hilflosigkeit jähzornig wurde, entschärften die Stimmen das. Sie berieten mich zum Beispiel so: »Laß das Zurückschlagen, übe passiven Widerstand und meide deine Geschwister. Suche dir deinen eigenen Weg nach deinen Fähigkeiten!« Sie fingen an, mit mir zu bereden, was ich kann und was ich nicht so gut kann.

Da ich ein gutes Ballgefühl hatte, rieten sie mir, ein Ballspiel zur Körperertüchtigung auszusuchen. Ich fing an, Tennis zu spielen, und war darin recht erfolgreich. Die Stimmen beantworteten mir auch Fragen zum Leben und waren gute Lehrer. Sie stellten fest, daß ich strategisch denken kann. So haben sie oft mit mir über Strategien im Militärbereich, Wirtschaftsbereich und politischen Bereich gesprochen. Meine Identität entwickelte sich in der Auseinandersetzung mit den Stimmen. Das geschah in völliger Heimlichkeit.

1969 wandelten sich die Stimmen und sagten: »Jetzt haben wir genug diskutiert. Jetzt mußt du das Diskutierte durchsetzen!« Der Streß des Abiturs kam auf mich zu. Es kann sein, daß der Charakterwandel damit zusammenhing. Die Stimmen diskutierten nicht mehr mit mir, ließen keine strategischen, kreativen Überlegungen mehr zu, sondern diktierten mir, was ich zu tun hatte. Damit verbunden war ein unangenehmer Druck am ganzen Körper, der plötzlich einsetzte. Die Stimmen befahlen mir, das Elternhaus zu verlassen und das Abitur an einem anderen Ort zu machen. Das tat ich. Das wollte ich auch.

Nach dem Abitur befahlen sie mir, nach Berlin zu gehen und an der Freien Universität zu studieren. Das tat ich – und wollte es auch. In Berlin befahlen sie mir, in Kontakt mit der widerspenstigen Jugend zu treten. Das interessierte mich auch noch. Ich tat das. Doch allmählich kamen Befehle, die ich immer weniger akzeptieren konnte.

So saß ich bei einer Veranstaltung der KPD in Berlin, in der die Theorie von der Diktatur des Proletariats diskutiert wurde. Das fand ich zum Erbrechen. Ich wollte die Veranstaltung verlassen und den Kontakt zur KPD abbrechen. Doch da befahlen mir die Stimmen: »Du bleibst sitzen und klatschst.« Ich konnte mich nicht wehren und mußte dem Befehl folgen. Ich blieb sitzen und klatschte. In dieser Weise hielten mich die Stimmen vier Jahre lang an der Seite der aufsässigen Jugend.

Mir war die ganze Zeit rätselhaft, woher diese Stimmen kamen. Es ist ja möglich, daß Gedanken von mir laut werden – daß ich einen lauten Gedanken denke und merke: Das ist von mir. Aber diese Stimmen, das war etwas anderes. Das war mir fremd. Und sie haben ja auch erklärt, sie wären vom Geheimdienst. Ich habe mir gesagt: Wenn das ein etablierter Geheimdienst ist, dann gehe ich in die politische Opposition. Und ich habe mich politisch oppositionell betätigt, fünf, sechs Jahre lang. Die Stimmen hörten aber nicht darauf, sondern wurden aggressiver.

1977 ließen sie mir den Freiraum, die vergangenen Jahre zu reflektieren. Ich zog Lehren aus den letzten Jahren und kam zu der Konsequenz, dem Diktat der Stimmen nicht mehr zu folgen. Da begann die dritte Phase meines Lebens mit den Stimmen. Die Stimmen wandelten ihren Charakter erneut. Sie traten plötzlich so auf, daß sie mir zum Beispiel Witze erzählten, über die ich lachen konnte. Sie behaupteten jedoch, daß die Witze von mir wären, was nicht stimmte. Oder sie sagten mir einen Satz, den ich einmal ausgesprochen hatte, und schlossen daran Monologe, die bis zu einer Stunde dauerten. Mit dem Kommentar: Das hätte ich alles gesagt. Das stimmte jedoch nicht.

Oder sie sagten: »Ein Topmanager denkt, daß alle vom Mittelmanagement Mißgeburten sind. Du denkst doch auch so?« Wenn ich dann antwortete: »Ich denke anders. Ich kenne keine Mißgeburten«, dann sagten sie mir: »Sie werden dich schon umdrehen.« Das etwa zehn Jahre lang zu ertragen führte allmählich zu Resignation und Identitätsverlust. Diese Phase habe ich als Gehirnwäsche empfunden.

Ich konnte ihr nichts Gutes abgewinnen. Ich war allein mit der Auseinandersetzung, ich konnte mich auch nicht an andere wenden. Die Stimmen hatten mir direkt befohlen, nicht darüber zu reden – sonst passiere mir was. Und sie hatten mir das so befohlen, daß ich es auch nicht gewagt habe, mich dem zu widersetzen.

So war ich eigentlich 38 Jahre lang allein damit beschäftigt, bis ich dann den Mut gefaßt habe, mich einer Ärztin anzuvertrauen und ihr zu erzählen, daß ich Stimmen höre, schon 38 Jahre lang. Und sie hat sich mit mir zwei Jahre hingesetzt und das aufgearbeitet. Dann haben sich die Stimmen in der letzten Phase wieder gewandelt. Nach zehn Jahren Belästigung in der geschilderten Weise ging den Stimmen plötzlich die Luft aus. Nach jedem Versuch, mich zu zwingen, ihre Meinung zu teilen, setzten sehr schnell Hilfeschreie der Stimmen ein: »Hilfe! Hilfe! Wir sind in die Falle gegangen!« Wenn ich dann fragte: »In welche Falle?«, antworteten sie: »In deine Falle!« Das machte mir in der damaligen Resignation etwas Mut. Die so übermächtigen Stimmen zeigten Schwächen.

Dann gingen die Stimmen 1989 plötzlich von einer Sekunde zur anderen weg. Sie hatten mich über 39 Jahre begleitet, als fürsorgliche Erzieher, dann als diktatorische Befehlshaber, danach als unerträgliche Gehirnwäscher und dann als Kapitulierende. Auch der kontinuierliche Druck am ganzen Körper war von einer Sekunde zur anderen weg. Ich fühlte mich wie neugeboren.

Was war passiert?

Erstens wurden die Medikamente auf das Phänomen Stimmenhören umgestellt. Die Ärzte konnten mir die entsprechenden Medikamente erst geben, als sie wußten, daß ich Stimmen höre. Ich nehme sie heute noch in einer minimalen Dosierung.

Zweitens hatte ich mich erneut von meinen Eltern und Geschwistern gelöst.

Drittens wurde zu der Zeit die Mauer geöffnet. Damit löste sich ein großer Druck von Kriegsangst bei mir.

Außerdem bin ich in Frührente gegangen, habe die Arbeitsbelastung nicht mehr, kann mich darauf konzentrieren, meinen Alltag zu gestalten. Jetzt arbeite ich ehrenamtlich bei der Kirche. Und das läuft inzwischen so gut, daß man mir eine Zuverdienststelle angeboten hat.

Seit acht Jahren höre ich keine Stimmen mehr und bin in therapeutischer Nachbehandlung. Ich gerate immer wieder in Krisen, in denen ich an den Rand des Stimmenhörens komme. Dann werden Traumata wach, die ich jedoch mit Hilfe des Gesprächstherapeuten löse. So gehe ich oft gestärkt aus solchen Krisen hervor.

Der Aufbau einer Stimmenhörergruppe ist seit zwei Jahren ein großes Hobby geworden. Die ganzen 38 Jahre, die ich geschwiegen habe ... ganz allmählich werde ich freier, lockerer, entkrampfter. Ich stelle fest: Ich bin nicht allein. Es gibt andere, die ähnliche Erfahrungen gemacht haben. Das ermutigt, das stärkt mich. Mit der Möglichkeit, über die Stimmen zu reden, habe ich mir einen Kindheitstraum erfüllt.

Zum Abschluß meine persönliche Analyse: Eine Verspannung der Seele in der Kindheit hat dazu geführt, daß ich Stimmen gehört habe. Diese Verspannung wurde immer stärker, steigerte sich bis zur Verkrampfung, so daß die Stimmen sich dem Verkrampfungsgrad entsprechend wandeln konnten. Der entscheidende Punkt, daß das Stimmenhören 1989 aufhörte, war, daß ich mich von meiner Familie stärker gelöst hatte, und die Öffnung der Mauer. Das löste zwei grundlegende Traumata: erstens die Angst vor Aggressionen durch die Familie und zweitens die Angst vor einem Krieg. Meine allgemeine These lautet: Angst ist der Ursprung des Stimmenhörens.

Thomas Bock

Die Vielfalt der Stimmen – Versuche zu verstehen

Mein Erfahrungshintergrund

Seit ungefähr zwanzig Jahren habe ich beruflich mit Menschen zu tun, die als psychisch krank gelten, die meiste Zeit innerhalb einer psychiatrischen Klinik beziehungsweise Tagesklinik. Seit fünf Jahren bin ich Leiter einer Ambulanz, deren Aufgabe es ist, Menschen mit Psychoseerfahrung zu begleiten, darunter besonders viele eigenwillige Menschen, denen eine »normale« psychiatrische Behandlung nicht ausreicht oder paßt. Auch Menschen, die Stimmen hören, kommen in diese Ambulanz.

Die Idee und die Konzeption dieser Einrichtung ist wesentlich vom Hamburger Psychoseseminar beeinflußt worden, ein Forum für Erfahrungsaustausch und Fortbildung von Psychoseerfahrenen, Angehörigen und Mitarbeitern der Psychiatrie. Die drei Gruppen begegnen sich hier nicht in den festgelegten Rollen, sondern gleichberechtigt als Seminarteilnehmer und Experten in jeweils eigener Sache.

In diesem Forum, das es in Hamburg seit sieben Jahren und inzwischen auch in der ganzen Bundesrepublik gibt, habe ich Psychosen umfassender, das heißt auch von ihrer biographischen, sinnvollen, gewissermaßen gesunden Seite, aber auch als das Leben einer ganzen Familie langfristig prägende Erscheinung kennengelernt. Die Begegnung im Seminar empfand ich gerade wegen der veränderten Rollenverteilung als kreativ und hilfreich. Und so findet sich die Kultur der offenen Begegnung und die vom Bemühen um Verstehen, Sinnsuche und Akzeptanz geprägte Atmosphäre auch in der Ambulanz wieder, soweit das im Rahmen einer psychiatrischen Institution möglich ist.

Psychiatrie ist eine vom gesellschaftlichen Auftrag her sehr widersprüchliche Institution. Sie soll seelisches Leiden lindern oder gar heilen, und sie soll Ordnung aufrechterhalten, Gefahren abschätzen und abwehren. Insofern kann es auch nicht verwundern, daß das Menschenbild und die therapeutische Grundhaltung der hier tätigen Personen sehr unterschiedlich sind. Entsprechend dem Rahmen einer Universitätsklinik überwiegt an meiner Arbeitsstelle insgesamt eher ein medizinisches Krankheits- und Behandlungsmodell, wonach bestimmte Phänomene – wie das Stimmenhören – einer Krankheit zuzuordnen und vor allem mit medizinischen Mitteln symptomorientiert zu behandeln sind.

Aus dieser Perspektive begegnet einem das Stimmenhören in der Psychiatrie im Zusammenhang mit sogenannten Manien, schweren Depressionen, Alkoholdelirien, Verwirrtheit alter Menschen, sogenannten dissoziativen Störungen und vor allem der schizophrenen Psychose.

Am meisten verbreitet ist sicher die Auffassung, daß Stimmenhören mit einer schizophrenen oder paranoid-halluzinatorischen Psychose gleichzusetzen sei. Diese Gleichsetzung kennzeichnet eine eher defizitorientierte Haltung: Phänomene werden nicht auf ihre Geschichte und ihren Sinn hin befragt, sondern als Beleg einer Krankheit bewertet und behandelt. Diese Haltung ist hoch problematisch, weil sie eine Entfremdung bewirkt oder verstärkt, die dann anschließend der Krankheit zugeschrieben wird.

Nach strengen diagnostischen Kriterien, also auch nach psychiatrischen Maßstäben, ist die Gleichsetzung der Phänomene Stimmenhören und Psychosen nicht zulässig. Sie geschieht in der Nachlässigkeit einer klinischen Praxis, die häufig nicht mehr erkennen läßt, daß Diagnosen in erster Linie sprachliche Konstruktionen sind, die die Verständigung erleichtern und nicht erschweren sollen. Für die Diagnose einer Psychose müssen weitere Kriterien erfüllt sein, auf die ich noch zu sprechen komme. Ich bin aber inzwischen überzeugt, daß es auch im Kontext einer Psychose ratsam und der Beziehung zwischen Patient und Therapeut dienlich ist, wenn beide zusammen jede Teilerfahrung – Halluzinationen (Stimmenhören, Visionen), Ängste, Wahnvorstellungen usw. – für sich betrachten und zu verstehen versuchen.

Aus diesem Erfahrungshintergrund heraus möchte ich im folgenden das Stimmenhören in seiner Vielfalt darstellen.

Die Vielfalt der Stimmen

Die Stimmen sind nicht immer gleich. Jeder Stimmenhörer vernimmt spezifische Stimmen. Eine oder mehrere, junge oder alte, männliche oder weibliche. Viele haben die Erfahrung gemacht, daß sich die Stimmen mit der Zeit verändern, lauter oder leiser, häufiger oder seltener, aufdringlicher oder zurückhaltender werden können. Diese Entwicklung kann gewollt oder ungewollt, beabsichtigt oder von selbst geschehen.

Manche Menschen erleben die Stimmen von vorneherein als Ausdruck ihrer selbst, andere sehen in den Stimmen den Einfluß konkreter, ihnen bekannter oder abstrakter, fremder Menschen. Entsprechend wird auch die Veränderung der Stimmen eher als Spiegel der eigenen Befindlichkeit oder als mehr oder weniger bedrohliche Manipulation erlebt.

Alle Stimmenhörer, die ich kennengelernt habe, sind überzeugt, daß sie wirklich hören. Das ist insofern von Bedeutung, als nur so die anfängliche Irritation nachzuvollziehen ist. Vermutlich hat jeder von uns sich schon mal dabei ertappt, mit sich selbst zu sprechen und innere Gedanken laut werden zu lassen. In aller Regel können wir uns korrigieren und Gedachtes von Gehörtem unterscheiden. An dieser Stelle beginnt das eigentliche Stimmenhören erst. Das Gehirn gibt ein Hören vor. Dieser neurophysiologische Aspekt ist Teil des Phänomens. Beim Stimmenhören ist das Sprachzentrum aktiv, dieser Befund stützt die These des inneren Dialogs. Die Rückkopplung mit dem Gehör gelingt jedoch nicht, ein Ausschluß tatsächlichen Hörens ist nicht möglich. Und so wird der innere Dialog neurologisch zu einem tatsächlichen. Die eigene Erklärung, wer denn da warum spricht, ist Teil einer Rekonstruktion, die das Gehirn notwendigerweise braucht, um den Erlebniskreislauf als immanent sinnvoll schließen zu können.

Die Spannweite der Stimmen reicht von harmlosen Kommentaren und alltäglichen Ratschlägen bis zu sehr übergriffigen Aufträgen und Befehlen, von ernst und ironisch klingenden Lobeshymnen bis zu sehr entwertenden oder sogar vernichtenden Urteilen, die direkt oder indirekt abgegeben werden können.

Zu Hause hört Frau Bach vor allem Kochrezepte, die sie auch gerne befolgt. Außerhalb der Wohnung fühlt sie sich eher in Frage gestellt. Daraus auf ein widersprüchliches Selbstwertgefühl zu schließen liegt nahe und wirkt fast ein bißchen banal. Die negativen Bewertungen können an reale Erfahrungen anknüpfen, sie sozusagen wiederbeleben.

So konnte Frau Bach beispielsweise sofort erkennen, daß die Stimmen genauso sprechen wie ihre längst verstorbene Mutter und auch zur vermeintlich gleichen schlechten Bewertung ihres Charakters kommen wie diese. Die Schlagkraft der Stimmen wird durch diese Erkenntnis nicht unbedingt gemildert.

Manche schreiben den Stimmen Fähigkeiten zu, die die eigenen überschreiten: Sie drückten sich gewählter aus, könnten besser kochen, sprächen ein besseres Englisch usw. Andere äußern sich umgekehrt eher abfällig über die Stimmen:

Herr Peters hört vor allem Stimmen, wenn er allein ist. Zu seinem Leidwesen ist er oft allein. Obwohl die überwiegend weiblichen Stimmen sich manchmal spöttisch äußern, erträgt er sie mit Fassung, sieht sie manchmal sogar als willkommene Ablenkung. Zugleich mokiert er sich darüber, wie einfältig sie immer wieder das gleiche wiederholen. Immer wieder. Intellektuell fühlt er sich den Stimmen haushoch überlegen, was er in eindrucksvollen Gedankenexperimenten gut zu demonstrieren weiß. Die emotionale Verunsicherung bleibt dennoch bestehen. So kann es sein, daß die Stimmen zugleich eine verwundbare Stelle markieren – in diesem Fall eine emotionale Bedürftigkeit – und *zugleich die vorhandenen intellektuellen Kompensationsmöglichkeiten stabilisieren.*

Gefährlich werden vor allem Stimmen, die unmittelbare Forderungen aufstellen und direkte Befehle geben.

Frau Fischer hörte den Auftrag, ihre Mutter zu töten. Sich gegen diese Aufforderung zu wehren kostete sie alle verfügbaren seelischen Energien, weshalb sie nach außen in eine tiefe Depression fiel. Erst im psychotherapeutischen Prozeß konnte sie die Stimme in ihrer symbolischen Bedeutung begreifen: Es ging darum, das mächtige Bild der Mutter in sich zu überwinden, sich also von fremden Maßstäben zu lösen und zu den eigenen zu finden. Für ihre Mutter war es ebenfalls wichtig, die Symbolsprache zu begreifen. Die Stimme richtete sich gegen sie, nicht weil sie Schuld auf sich geladen hatte, sondern weil sie als Mutter der Tochter am nächsten war und diese Nähe in Verbindung mit dem biographischen Auftrag, das Erwachsenwerden der Tochter zuzulassen, bedrohlich geworden war.

Die aktuelle Wirksamkeit der Impulse hängt auch davon ab, ob sie wörtlich genommen werden (müssen) oder noch eine symbolische Deutung zulassen: Herr Franke hörte in einer bestimmten ausweglosen Situation die Aufforderung, sich sofort in die Klinik zu begeben, um Hilfe zu holen. Er wählte den kürzesten Weg und sprang aus dem Fenster, zum Glück, ohne sich ernsthaft zu verletzen.

Spätestens an dieser Stelle spielt auch die soziale Situation eine Rolle. Ein sozialer Zusammenhang kann die Stimmen relativieren helfen und vielleicht eher eine symbolische Interpretation nahelegen. Wenn ich es schaffe, jemand anderem von meinen Stimmen zu erzählen, dann führt allein diese Dreiersituation zunächst einmal zu einer gewissen inneren Distanzierung. Im Gespräch wird der bedrohliche Auftrag entschärft: Die Mitteilung stärkt die eigenen Abwehrkräfte. Die Tatsache, daß die Stimmen auch gefährlich werden können, ist also kein Argument gegen, sondern für die Notwendigkeit eines offenen Dialogs.

Das Stimmenhören kann Ausdruck von Einsamkeit sein, es kann eine vorhandene Einsamkeit verstärken oder zumindest dem Bewußtsein näherbringen. Gleichzeitig helfen die Stimmen aber auch, die Einsamkeit zu kompensieren. Sie sind gewissermaßen ein fauler Kompromiß zwischen der Angst vor Nähe und vor dem Alleinsein. Wer Stimmen hört, ist in Verbindung mit anderen Wesenheiten, ohne eine wirkliche Beziehung zu riskieren.

Herr Ulrich lebt allein; er hört vor allem die Stimmen von Nachbarn, insbesondere von jungen Mädchen, die sich über ihn lustig machen. Sie sind nicht freundlich, aber auch nicht wirklich böse, eher schnippisch und spitz. Herr Ulrich fühlt sich den Stimmen ausgeliefert, weil er sie nicht wirklich steuern und stoppen kann. Aber ganz verzichten mag er auch nicht auf sie. Er sagt: »Sie geben mir ein Gefühl von Existenz.«

Zu bedenken ist noch, daß die Stimmen eine Eigendynamik entfalten können, in dem Sinne, daß sie ihrerseits sehr menschlich reagieren können. So können Stimmen eifersüchtig werden, wenn ihr Adressat es wagt, reale Beziehungen einzugehen. Sie können ärgerlich werden, wenn jemand von ihnen erzählt, und können sogar versuchen, jegliche Gespräche zu unterbinden. Die Zusicherung, erst einmal nur Gutes über die Stimmen hören zu wollen, kann sie besänftigen und das Verbot unterlaufen.

Von innen oder außen?

Normalerweise scheint die Schranke zwischen Schlafen und Wachen zu funktionieren. Im Nachttraum erleben wir uns in besonderer Weise, mal vielfältig, mal reduziert. Wir erleiden unaushaltbare Qualen oder verfügen über besondere Fähigkeiten, die wir im normalen Alltag nicht erreichen. Unsere Wünsche und Ängste erfüllen sich im Traum, doch wir bleiben im Schlaf vor den Konsequenzen geschützt. Manchmal verschwimmt die Grenze zwischen Wachen und Schlafen: Ein Traum hält uns nach dem Aufwachen noch gefangen, und wir brauchen eine Zeitlang, bis wir wieder orientiert sind. Manche Menschen bringen sich durch bestimmte Stoffe, durch bestimmte Aktionen oder durch besonderes Fasten in Trance, um ihre Sinne zu täuschen und um Eindrücke zu gewinnen, die sie sonst nicht haben.

Offensichtlich gibt es Menschen, die dafür keine Stoffe brauchen oder diese Stoffe in sich tragen, die sich nicht überanstrengen oder hungern müssen, sondern mehr oder weniger aus dem Stand heraus ungewöhnliche Wahrnehmungen produzieren beziehungsweise empfangen können. Ich habe mich oft gefragt, ob die Leistung des Stimmenhörens eher ein Senden oder ein Empfangen oder beides zugleich ist und ob die Stimmen »nur« aus dem Inneren oder auch von außen empfangen werden.

Bei genauer Betrachtung ist die Unterscheidung nicht so grundlegend, wie es zunächst scheint. Wenn wir die äußeren Sinnesorgane und das zentrale Nervensystem (Peripherie und Festplatte) als Einheit ansehen, dann erscheint jede

Wahrnehmung von außen zugleich als innere Konstruktion und jede Konstruktion steht unter dem Einfluß von Erinnerung und Vorahnung. Jede Information transportiert eine Bedeutung, und bei jeder Wahrnehmung – ob real oder imaginär – schwingt immer eine große Ladung subjektiver Erfahrung und sozialer Konvention mit.

Dennoch war für mich wichtig zu begreifen, daß Menschen, die Stimmen hören, nicht nur für »eigene«, sondern auch für »fremde« Anliegen hellhörig sind. Eine Frau, die ich während der Recherche zum Film »Hören Sie Stimmen?« gemeinsam mit Irene Stratenwerth kennenlernte, hat mich in diesem Zusammenhang tief beeindruckt.

Peg hatte zunächst Stimmen aus ihrem Inneren gehört, die sie existentiell bedrohten. Sie bearbeitete diese quälenden Stimmen in langen Gesprächen mit einem Therapeuten, den sie über das Stimmenhörernetzwerk kennengelernt hatte. Sie lernte, die Botschaft symbolisch zu deuten. Dennoch verschwanden die Stimmen nicht. Das Ergebnis der Therapie war vielmehr, daß sich eine dritte Stimme hinzugesellte, die freundlich und zugewandt war, ihre eigene Position stärkte und um Ausgleich bemüht war. Mit dieser neuen Balance kam Peg mehrere Jahre gut zurecht.

Dann geschah das Massaker von Dunblaine, das damals ganz England erschütterte: Ein Amokläufer brachte viele Kinder einer Schulklasse um. Peg reagierte auf sehr eigene Weise. Sie konnte die Nachricht kaum glauben, hörte dann in den Nachrichten immer neue Details und vernahm schließlich die Stimmen der Kinder, die sie riefen. Sie wollte helfen, wollte um jeden Preis zu den Kindern gelangen und war kurz davor, sich selbst das Leben zu nehmen. Zum Glück gelang es ihr, ihren alten Therapeuten schnell zu erreichen. Mit seiner Hilfe konnte sie auch diese Botschaft symbolisch verstehen und ihr Mitgefühl weniger existentiell zum Ausdruck bringen.

Diese Geschichte hat mir geholfen zu begreifen, daß sich

die Sensibilität und Hellhörigkeit von Stimmenhörern nicht nur nach innen richtet, sondern auch nach außen. Die Stimmen speisen sich nicht nur aus subjektiven Erfahrungen, sondern auch aus realen Gefahren, beziehen sich also nicht nur auf die Vergangenheit, sondern auch auf die Zukunft. Und sie reflektieren nicht nur die eigene Person, sondern auch die Situation anderer Menschen.

Von Natur aus?

Offensichtlich gibt es Menschen, die von Natur aus dünnhäutiger sind. Von Natur aus? Was bitte ist Natur? Wird Dünnhäutigkeit in den Genen weitergegeben, oder kann man sie lernen? Wenn Kinder es leichter haben, Wesen und Gegenstände zu beleben und ihnen eine Stimme zu »verleihen«, könnte man ähnliches bei Erwachsenen auch als mehr oder weniger sinnvollen Rückgriff auf frühere Entwicklungsstufen, also quasi als eine Form der Regression, begreifen. Nimmt man die Theorie von Julian Jaynes hinzu, wonach Stimmenhören in früheren Zeiten der Menschheitsgeschichte eine übliche Form des Denkens war, könnte man entsprechend von einem Rückgriff des Gehirns auf ein altes Programm sprechen – analog einem Computer, bei dem Word 7 abgestürzt ist und der sich nun mit Word 4 behelfen muß. Haben Menschen, die keine Stimmen hören, eine Fähigkeit verlernt, oder haben die Stimmenhörer eine Anpassungsleistung nicht mit vollzogen?

Sind frühkindliche, möglicherweise vorgeburtliche Erfahrungen prägend dafür, daß der eine Stimmen hört und der andere nicht? Oder gibt es bestimmte Verletzungen im späteren Leben, die Stimmen zwingend auslösen können? Wo ist die »Schwachstelle« – in der Seele oder im Gehirn? Auch diese Unterscheidung ist nicht so grundlegend, wie es scheint.

Die Entwicklung unserer neurologischen Strukturen ist

zu keinem Zeitpunkt endgültig abgeschlossen. Wir verfügen über Milliarden Nervenzellen mit nahezu unendlich vielen Verknüpfungen. Die Gleichzeitigkeit von fördernden und hemmenden Impulsen macht die Vielfalt vollends unberechenbar. Die verschiedenen Bahnen werden unterschiedlich bedient. Bestimmte Verknüpfungen laufen mit der Zeit fast schon automatisch, schleifen sich ein und brauchen nur noch einen geringen auslösenden Reiz. Andere kommen selten zum Zuge oder werden vielleicht nur »aus Versehen« assoziativ gereizt. Die Übertragungen geschehen mit Hilfe verschiedener chemischer Substanzen, die in einem komplizierten Wechselverhältnis stehen.

Da sich die Nervenzellen zudem in unterschiedlichem Tempo ständig erneuern, ergeben sich ständig Veränderungen im Gesamtsystem. Das Gehirn hat überdies eine große »Plastizität« gegenüber Störungen oder Verletzungen bewiesen. Fallen bestimmte größere Verbindungen oder Areale aus, können diese mit bestimmten quantitativen Einbußen und qualitativen Veränderungen kompensiert werden. Bedenkt man nun noch die Verknüpfung von sensorischen und motorischen Nerven mit solchen, die auf Affekte spezialisiert sind, dann wird die Vielfalt, aber auch die Anfälligkeit des »normalen« Nervensystems deutlich.

Vielleicht hilft der Vergleich mit dem Streckennetz der Deutschen Bundesbahn: Das Gleisangebot ist historisch gewachsen, ständig in Veränderung und mehr oder weniger leistungsstark oder -schwach. Der Fahrplan der Züge ist davon einerseits unabhängig, andererseits auch wieder nicht. Der Güterzug auf dem ICE-Gleis blockiert alle späteren Verbindungen. Der ICE auf dem Nebengleis kann vielleicht fahren, aber nicht besonders schnell; und außerdem ruiniert er die maroden Schienen. Und welche Personen zu welchem Zeitpunkt in welche Züge steigen, ist zwar einerseits von Fahrplänen abhängig und durch sie manipulierbar, andererseits aber auch wieder nicht.

Wenn sich die Stimmen verdichten

Offensichtlich können Stimmen ihre Art und Lautstärke verändern, können als Spiegel der eigenen Befindlichkeit dienen und verschiedene kompensatorische Funktionen übernehmen. Sie können aber noch etwas: Sie können sich, wenn das innere Verstehen – aus welchen Gründen auch immer – mißlingt, verdichten und außer Kontrolle geraten. Hier sehe ich einen fließenden Übergang zur Psychose. Nicht das Hören von Stimmen wäre demnach kennzeichnend für eine Psychose, sondern die Unmöglichkeit, sich mit ihnen zu arrangieren.

Diese Definition oder Konstruktion holt die Psychologen und Psychiater aus der bequemen Rolle des distanzierten Diagnostikers und macht sie mitverantwortlich: Ihre Fähigkeit, das Arrangement des Patienten mit seinen Stimmen zu verstehen und zu stützen, ihm in der Integration oder in der Abgrenzung von den Stimmen zu helfen, entscheidet mit darüber, ob die unheimlichen Kräfte Oberhand gewinnen beziehungsweise ob sich eine physiologische Eigendynamik entwickeln kann. Die kulturelle Offenheit für besonderes Seelenleben bestimmt mit, ob, wann und wie ein Mensch, der Stimmen hört, »in die Psychose abgedrängt« wird.

Dieses Verständnis von Stimmen verlangt der Psychiatrie und jedem einzelnen psychiatrisch/psychotherapeutisch Tätigen eine individuelle Auseinandersetzung mit dem subjektiven Erleben des Patienten ab. Dabei wird deutlich, daß, lange bevor professionelle Therapie wirksam werden kann, Versuche der Eigenbalance stattfinden, die es zu unterstützen gilt. Eine subjektiv erwünschte Wirkung und die geringsten ungünstigen Nebenwirkungen wird die Therapie haben, die an diesen Ressourcen ansetzt und sich quasi als Supervision von Selbsthilfe versteht.

Was sind Psychosen?

Das Stimmenhören allein kennzeichnet also noch keine psychotische Erfahrung. Die in der psychiatrischen Praxis leider nicht unübliche Gleichsetzung ist falsch. Auch die diagnostischen Manuale, die den Gebrauch von Diagnosen unter Fachleuten verbindlich regeln, machen noch weitere Voraussetzungen: Entweder müssen andauernde Denkstörungen und Wahnvorstellungen zu den sogenannten akustischen Halluzinationen hinzukommen – dann spricht die Psychiatrie von »schizophrenen«, im Sinne von kognitiven Psychosen. Oder die emotionale Gestimmtheit eines Menschen muß wesentlich und nachhaltig verändert sein – je nach der Richtung der Veränderung spricht man dann von Manie oder Depression, insgesamt von affektiven Psychosen oder von bipolaren Störungen.

Anschaulicher ist die Vorstellung, daß Menschen in einer Psychose extrem dünnhäutig werden. Die ansonsten selbstverständliche Grenze zwischen innen und außen scheint aufgehoben. Die Haut wird so durchlässig, daß äußere Eindrücke ins Innerste treffen und umgekehrt innere Vorgänge nach außen dringen und Gestalt annehmen können. Psychiater nennen den einen Aspekt »paranoid« und den anderen »halluzinatorisch«.

Psychoseerfahrene Menschen vergleichen ihr Erleben auch mit dem in Träumen. Ängste und Wünsche vergegenständlichen sich. Bedeutsame Konflikte mischen sich mit Tagesresten. In allen möglichen Personen und Ereignissen, die uns in Träumen oder Psychosen berühren, spiegeln sich Anteile von uns selbst. Ein wesentlicher Unterschied zwischen Psychose und Traum darf dabei allerdings nicht vergessen werden: In einer Psychose sind wir nicht durch Schlaf geschützt. Wir bedürfen also möglicherweise eines zusätzlichen Schutzes, einer besonders wohlwollenden Atmosphäre, um die angstvollen oder auch die größenwahnsinnigen Aspekte der Psychose ausleben zu können. Wenn ich träume, ich könnte fliegen wie ein Vogel, mag das ein schönes Erlebnis sein. Die gleiche Wahrnehmung in einer Psychose wäre ungleich gefährlicher.

Stimmen zu hören wird im psychiatrischen Kontext als akustische Halluzination bezeichnet. Daneben gibt es auch optische Halluzinationen, wenn jemand Bilder oder Personen sieht, die andere nicht sehen, und relativ selten auch Geruchs- oder Berührungshalluzinationen.

Im Einzelfall können Psychosen auch »exogen«, zum Beispiel durch Vergiftung oder Drogenmißbrauch, »reaktiv«, zum Beispiel durch ein schweres Trauma wie Folter oder vollständigen Reizentzug und organisch im Zusammenhang mit einer schweren körperlichen Erkrankung, ausgelöst werden. Die meisten Psychosen entwickeln sich über einen längeren Zeitraum aus dem Zusammenwirken verschiedener körperlicher, seelischer und sozialer Faktoren (»endogene« Psychosen). Neben der Konstitution eines Menschen (nicht alle Menschen sind in gleicher Weise dünnhäutig beziehungsweise dickfellig) spielt vor allem die Wechselwirkung von seelischer Belastung und Hirnstoffwechsel eine große Rolle.

Die Psychose ist dabei jedoch nicht nur ein multifaktoriell bedingtes Geschehen, sondern zugleich auch Ausdruck aktiven Handelns. Sie ist nicht nur Prägung, sondern auch Antwort. Eine Psychose ist zum Beispiel zu verstehen

– als eine Flucht aus einer überfordernden Situation oder aus unaushaltbarem Schmerz, wobei diese Flucht vielleicht für den Moment entlastet, auf diese Weise aber nicht endgültig gelingen kann,
– als »fauler Kompromiß«, also als Versuch, sich ambivalent erlebten Anforderungen oder einer tief ängstigenden Entscheidung zu entziehen,
– als Ausdruck von »Regression«, das heißt als Rückgriff auf eine frühere Entwicklungsstufe, in der »die Welt noch in

Ordnung war« oder in der ein tiefer Konflikt nicht ausgetragen werden konnte,
– als symbolträchtiger Ausdruck eines inneren Konflikts, der anders nicht zu lösen, ja, nicht einmal zu vermitteln ist,
– als Kanalisation einer sonst unermeßlichen Angst, sich im Innersten aufzulösen und alle persönlichen Grenzen zu verlieren.

Menschliches Handeln folgt einer inneren Logik, ist auf irgendeiner Ebene immer um ein inneres Gleichgewicht und um Verwirklichung bemüht. Das gilt auch für Psychosen, wenn auch auf eine sehr extreme und zunächst unverständliche Art. Menschliches Handeln ist in der Psychose vielleicht unerträglich zugespitzt, aber nicht außer Kraft gesetzt: Wenn jemand psychotisch wird, macht er sich unverständlich, er entzieht sich dem Zugriff, dem zugreifenden Verständnis anderer. Jemand, der sich möglicherweise in seinem Leben häufig als Objekt behandelt gefühlt hat, ist in der Psychose Opfer und »Täter« zugleich: Er fühlt sich in die Enge getrieben und entkommt zugleich eben dieser Enge in eine andere Welt. Der Kontakt zu anderen wird aufgegeben und ersetzt. Das Erleben ist möglicherweise (nicht unbedingt) schrecklich, zugleich aber wieder von Eigenheit geprägt.

In der psychotischen Erfahrung steckt also letztlich wie in jeder Krise Gefahr und Chance zugleich. Das macht das Ringen um Verständigung so notwendig. Zugleich ist es notwendig anzuerkennen, daß dem konkreten, unmittelbaren Verstehen notwendige Grenzen gesetzt sind. Therapeuten und Angehörige, die sich besonders intensiv um Verstehen bemühen, kennen das: Gerade wenn man sich am Ziel seiner Anstrengungen wähnt, macht der Mensch gegenüber einen Haken, und man steht vor neuen Rätseln.

Wenn man so will, sendet der psychotische Mensch Doppelbotschaften aus, die bei näherer Betrachtung emotional gut nachzuvollziehen sind: Bemühe dich um liebevolles

Verständnis, aber verstehe mich nicht ganz; hilf mir suchen, aber entdecke mich nicht vollkommen. Verstehen kann also nicht nur als liebevolle Zuwendung, sondern auch als Bemächtigung und Enteignung verstanden werden. Und in einer bestimmten Phase der Entwicklung einer Psychose kann es sinnvoll sein, den Akt, sich unverständlich zu machen, als sinnvoll und notwendig zu erkennen. Genau diese Verständigung kann neue Brücken bauen.

Geht man von inhaltlichen und nicht nur formalen Kriterien aus, dann ist keine Psychose wie die andere. Das psychotische Erleben kennzeichnet den spezifischen inneren Konflikt eines einzigartigen und unverwechselbaren Menschen. Jede Psychose ist anders, so wie auch jeder Traum anders ist. Letztlich bin ich überzeugt, daß es sinnvoll wäre, sogar die einzelne Psychose nicht immer als etwas einheitliches Ganzes zu verstehen, dem man mehr oder weniger ratlos gegenübersteht. Wenn wir die einzelnen Symptome wie zum Beispiel das Stimmenhören, die Wahnbilder usw. für sich nehmen und auf ihre jeweilige Geschichte und ihren Bedeutungsgehalt befragen, statt uns und andere mit großartigen Diagnosen zu erschlagen, kommen wir dem Verständnis des einzelnen Menschen vermutlich näher.

Zehn Thesen zum Verständnis des Stimmenhörens

Wie ich etwas verstehe, beeinflußt die Art, wie ich damit umgehe. Wie ich Stimmen bezeichne und erkläre, bestimmt, wie ich damit umgehe. Die folgenden Thesen sind aus der Diskussion mit Stimmenhörern heraus entstanden.

1. Stimmenhören ist sehr viel häufiger, als von der Wissenschaft bisher angenommen wird. Auch »normale« und »gesunde« Menschen hören Stimmen. Der genaue Prozentsatz (zwischen 4 und 40 Prozent) ist abhängig von kulturellen Bedingungen und von der sozialen Akzeptanz.

2. Die Stimmen sind formal und inhaltlich bei jedem Menschen anders. Sie können sich entsprechend der seelischen und sozialen Situation verändern und wie ein Spiegel der Befindlichkeit funktionieren.

3. Häufigkeit, Dauer und Lautstärke der Stimmen können von sozialen Bedingungen beeinflußt werden: Die Stimmen können nur in einsamen Situationen auftreten oder gerade dann wegbleiben. Und sie können in größeren Menschenansammlungen lauter oder leiser werden. Ob andere um die Stimmen wissen und sie akzeptieren, beeinflußt ihren Charakter.

4. In inhaltlicher Hinsicht haben die Stimmen ähnlich wie Träume eine symbolische Bedeutung. Sie reflektieren biographische Ereignisse und alltägliche Begebenheiten, sogenannte Tagesreste. Ihre Bedeutung ist nur im Zusammenhang mit dem subjektiven Erleben des einzelnen und seiner Umgebung zu erfassen.

5. Stimmen zu hören bedeutet, daß die Grenze zwischen Innenleben und Außenwelt durchlässig geworden ist. Die Stimmen werden als von außen kommend gehört und können nicht ohne weiteres dem inneren Erleben zugeordnet werden.

6. Bei der Entstehungsgeschichte des Stimmenhörens sind physiologische und psychologische Aspekte nicht voneinander zu trennen. Stimmenhörer hören »wirklich«, das Gehirn kann auch ohne im Ohr eingehende akustische Signale ein Hören vorgeben. Abgelegte Informationen, Erfahrungen oder Erwartungen werden laut, ohne daß eine Rückkopplung möglich ist.

7. In aller Regel hat das Hören von Stimmen eine irritierende störende Wirkung *und* eine kompensatorische, stützende Funktion.

8. In aller Regel kommt den Stimmen eine funktionale und/oder biographische Bedeutung zu, die zu entschlüsseln sich auch dann lohnt, wenn es nur ansatzweise möglich ist.

9. Auch wenn die Stimmen im Rahmen einer umfassenden psychischen Störung oder Krankheit auftreten, haben sie eine eigene Entstehungsgeschichte und Bedeutung.

10. Wenn der Umgang mit den Stimmen nicht gelingt, wenn in keiner Weise eine (neue) Balance möglich ist, können sich die Stimmen im Sinne einer Psychose verdichten und verselbständigen. Diese Sichtweise gibt der Psychiatrie und den dort Tätigen eine Mitverantwortung und verlangt ihnen eine individuelle Auseinandersetzung mit dem subjektiven Erleben des einzelnen ab.

Irene Stratenwerth

Spielkameraden, Engel, Monster – wenn Kinder Stimmen hören

»Spielen Kinder allein auf dem Rasengrün, kommt der Spielgefährte, der nie ward gesehen«, dichtete Robert Louis Stevenson. Er wußte, wovon er sprach. Denn schließlich stand der Schriftsteller selbst in ständiger Kommunikation mit seinen Brownies, den kleinen, gewissenlosen Gesellen, die ihm listige Ratschläge gaben, die ihm ihre Träume als Vorlagen für seine Geschichten zur Verfügung stellten.

Jedes zweite Kind im Alter von vier bis acht Jahren hat irgendwann einen eingebildeten Spielkameraden. Oder andere unsichtbare Begleiter: Drachen, Hunde, Engel ... In der Kinderliteratur wimmelt es von höchst lebendigen, aber für den Rest der Welt unsichtbaren Gestalten.

Eine der schönsten und zweifellos wahren Geschichten über ein Kind, das Rat von unirdischer Seite braucht, hat Frank McCourt in seinem autobiographischen Roman über seine Kindheit in Irland aufgeschrieben. Es geht um die Seelennot des siebenjährigen Frank, dem die Erstkommunion bevorsteht. Gemeinerweise hat ihm sein Freund Mikey Molloy erst eine Geschichte über einen Pißwettbewerb (von Frauen) erzählt und ihm dann gesagt, er müsse dem Priester beichten, daß er dieser Geschichte mit Vergnügen gelauscht habe.

»Dad macht einen langen Spaziergang, Mam nimmt Michael und geht Oma besuchen, Malachy spielt auf der Gasse, und ich habe das Haus für mich, so daß ich mich auf die siebte Stufe setzen und mit dem Engel reden kann. Ich weiß, daß er da ist, denn die siebte Stufe fühlt sich wärmer an als die anderen, und in meinem Kopf ist ein Licht, wenn ich da sitze.

Ich berichte ihm von meinen Sorgen, und ich höre eine Stimme. Nicht sollst du dich fürchten, sagt die Stimme.

Er spricht rückwärts, und ich sage ihm, daß ich nicht kapiere, was er sagt.

Du sollst dich nicht fürchten, sagt die Stimme. Sag dem Priester deine Sünde, und dir wird vergeben werden.

Am nächsten Morgen stehe ich früh auf und trinke Tee mit Dad und erzähle ihm von dem Engel auf der siebten Stufe. Er faßt mir an die Stirn und fragt, ob es mir gutgeht. Er fragt, ob ich sicher bin, daß ich ein Licht im Kopf hatte und eine Stimme gehört habe, und was hat die Stimme gesagt?

Ich sage ihm, die Stimme hat gesagt, nicht sollst du dich fürchten, und das heißt, du sollst dich nicht fürchten.

Dad sagt mir, der Engel hat ganz recht, ich soll keine Angst haben, und ich sage ihm, was Mikey Molloy mir angetan hat. Ich erzähle ihm von Emer-mit-der-großen-Blase, und ich gebrauche sogar das Pißwort, weil der Engel sagte, nicht sollst du dich fürchten. Dad stellt sein Marmeladenglas mit Tee hin, zieht mich an sich und lacht mir den ganzen Kopf voll. Ich frage mich, ob er jetzt auch den Verstand verliert wie Mrs. Molloy, immer rein in die Irrenanstalt und wieder raus aus der Irrenanstalt, aber er sagt, war es das, was dich gestern nacht so bekümmert hat?

Ich sage ja, und er sagt, es ist keine Sünde, und ich brauche es dem Priester nicht zu sagen.

Der Engel auf der siebten Stufe hat aber doch gesagt, ich soll es ihm sagen.

Na schön. Sag es dem Priester, wenn du willst, aber der Engel auf der siebten Stufe hat das nur gesagt, weil du es mir nicht vorher gesagt hast. Ist es nicht besser, wenn man seinem Vater seine Sorgen erzählen kann als einem Engel, der ein Licht und eine Stimme im Kopf ist?

Doch, Dad.«

Ein Engel, der eine Stufe auf der Treppe wärmt, der Licht und eine Stimme im Kopf ist, ein Engel, der Trost, Rat und Autorität zugleich darstellt, dessen überirdische Autorität wiederum durch einen liebevollen Vater ins irdische Maß gerückt wird – was will man mehr.

Aber nicht alle Engel kommen zum erwünschten Zeitpunkt. Und nicht alle Engel sind wirklich Engel. Es gibt auch Kinder, die sich unsichtbare Begleiter nicht *einbilden*, sondern regelrecht von ihnen drangsaliert werden, mit beängstigenden, schwerverständlichen, verwirrenden Botschaften und Befehlen. Seit sechs Jahren lebt Marcel mit Stimmen. Auf einem der ersten deutschen Stimmenhörertreffen in Berlin trafen wir seine Mutter. Sie war quer durch die Republik gereist, weil sie hoffte, dort etwas zu erfahren, was ihrem Sohn den Umgang mit seinen ungewöhnlichen Wahrnehmungen erleichtern könnte. Einige Wochen später lerne ich den Zwölfjährigen kennen.

Marcel lebt auf dieser Welt in angenehmen Verhältnissen. Mit Vater und Mutter wohnt er in einem Einfamilienhaus auf dem Dorf, in unmittelbarer Nähe einer Kleinstadt. Seine Eltern, beide im sozialen Bereich tätig, sind offene, lebhafte, interessierte Menschen, unternehmungslustig und kontaktfreudig, im Umgang mit ihrem Sohn fürsorglich, engagiert und nachdenklich. Marcel geht aufsGymnasium, spielt Fußball und Tennis, liebt Fernsehen, Computerspiele und kleine Raufereien mit seinen Kumpels. Gelegentlich erzählt er seinen Freunden auch, daß er Stimmen hört. Das finden sie interessant, sagt er, aber weiter wird nicht darüber gesprochen.

Marcel sei schon immer ein bißchen anders gewesen als andere Kinder, erzählt seine Mutter. Von Anfang an war er ein kleiner Realist. Phantasiespiele, Rollenspiele – so etwas mochte er nie. Aber sehr früh machte er sich Gedanken, die sich andere Kinder nicht machen. Mit vier Jahren sagte er:

»›Ich weiß nicht, ob ich wirklich ich bin.‹ Daß man nur ein kleiner Teil von der ganzen Welt ist und sich dabei immer nur selbst erlebt – so richtig vorstellen kann man sich das nicht«, ergänzt Marcel. »Darüber denke ich sehr viel nach.«

Eine Erzieherin im Kindergarten hat der Mutter einmal erzählt, daß Marcel manchmal allein am Tisch sitze und in ihr unverständlichen Worten mit jemandem rede. Irgendwann, Jahre später, als Mutter und Sohn zusammen auf dem Parkplatz eines Supermarktes stehen, sagt der Junge: »Du mußt verstehen, daß ich große Sehnsucht habe, meine eigentliche Heimat kennenzulernen. Ich habe das Gefühl, ich bin nicht von dieser Welt. Ich würde ja wieder zu euch zurückkommen – aber einmal will ich meine Heimat kennenlernen.«

Da schluckt man schon ziemlich, sagt seine Mutter.

Die Stimmen kamen zum erstenmal, als Marcel sechs Jahre alt war. Ein paar Dinge hatten sich gerade in seinem Leben geändert. Der Umzug aufs Dorf, die Einschulung, neue Freunde. Doch besonders schlimm, sagt er nachträglich, war das nicht für mich. Schlimm waren nur die Stimmen.

Lange Zeit kann er nicht sagen, was mit ihm vorgeht. Die Stimmen befehlen ihm, Wände, Tische, Stühle zu berühren, etwas Unsichtbares wegzuwischen, genau festgelegte Schrittfolgen einzuhalten. Wenn er das nicht befolgt, drohen sie ihm Unheil an. Die Eltern sehen ihr Kind, das zwanghafte Handlungen ausführt, ständig um sich herum wischt, das immer wieder von Panikattacken geschüttelt ist, sich plötzlich angstvoll an die Wand drückt. Sie sind ratlos, versuchen, den Jungen zu beruhigen, und sind selbst tief beunruhigt. Einmal, da ist Marcel schon acht, erzählt er seinem Vater, daß er ständig einen Strich auf dem Rücken spüre. Und wie er sich auch drehe und wende – der Strich sei immer hinter ihm. Dem Vater steht der Angstschweiß auf der Stirn. Das Schreckenswort Schizophrenie taucht auf.

Eine Odyssee durch kinderpsychiatrische und kinderpsychologische Praxen beginnt. Erste diagnostische Abklärungen verlaufen eher beruhigend: Das Kind, so heißt es in der kinderpsychiatrischen Sprechstunde einer Universitätsklinik, leide unter sozialen Ängsten. Eine Spieltherapie wird empfohlen.

Noch weiß niemand etwas von den Stimmen. Der erste Therapeut wirft nach einiger Zeit das Handtuch: an den Jungen sei nicht heranzukommen.

Eine Kinderanalytikerin erklärt der Mutter nach wenigen Sitzungen mit Marcel, der Junge sei dringend behandlungsbedürftig. In der Therapie werde der Neunjährige die Beziehung zu seiner Mutter wohl aufgeben müssen. »Und Marcel ging es gleichzeitig immer schlechter. Ich hatte das Gefühl, wenn wir weiter zu dieser Frau gehen, ist er bald in der Psychiatrie«, erzählt seine Mutter. Die Eltern beschließen, die Kinderanalyse abzubrechen. Schließlich findet sich ein Psychagoge, der über drei Jahre zweimal in der Woche mit Marcel spielt. Meistens Fußball. »Diese Therapie hat ihm jedenfalls nicht geschadet«, sagt sein Vater.

Als er zehn Jahre alt war, so die Mutter, hat er das erstemal von den Stimmen gesprochen. Im Urlaub. »Nein, das habe ich euch früher schon mal gesagt«, widerspricht Marcel. In diesem Urlaub jedenfalls wird den Eltern bewußt, daß es Stimmen sind, die Marcel angst machen, ihn mit diktatorischen Anweisungen unter Druck setzen, ihn immer weiter einspinnen in eine innere Welt voller Einsamkeit und Bedrohung.

»Versuch doch, aus dem wilden Tiger, der dich bedroht, eine zahme Hauskatze zu machen«, rät die Mutter dem Sohn in einem Gespräch. Und tatsächlich geht es Marcel besser, seitdem er von den Stimmen erzählen kann.

»Ich habe die Stimmen jetzt mehr unter Kontrolle«, sagt Marcel, »weil ich nicht mehr soviel Angst vor ihnen habe. Am Anfang sind sie mir sehr unheimlich vorgekommen.

Jetzt kommen sie eigentlich nur noch, wenn ich allein bin, wenn es dunkel wird, wenn ich mich langweile. Es sind vier Stimmen – alles erwachsene Männer. Die eine, die als erste da war, hat am meisten zu sagen. Die vier Stimmen diskutieren auch miteinander. Die drei anderen halten in Streitgesprächen schon mal zu mir, kommen aber nicht gegen die erste Stimme an.«

Was haben wir falsch gemacht? Welches Trauma hat der Junge erlitten? Immer wieder haben sich die Eltern das gefragt. Sie haben keine eindeutigen Antworten gefunden. Die Geburt verlief schnell und dramatisch, danach aber lag das Neugeborene ganz friedlich bei seiner Mutter im Bett. Zwei Tage Beruhigung. Dann wird das Baby wegen einer Gelbsucht für Stunden in einen Glaskasten unter gleißendes Licht gelegt. »Die Krankenschwester hat mir hinterher gesagt, sie habe noch nie ein Kind gesehen, daß dabei so anhaltend, über Stunden hinweg geschrien hat«, sagt der Vater und ist darüber noch immer wütend. Könnte dies der Moment gewesen sein, in dem sich eine schreckliche Angst, ein heilloser Schrecken in Marcel ausgebreitet hat? Und warum hat gerade ihm das soviel mehr ausgemacht als anderen Babys?

»Irgendwie kann ich mit den Stimmen auch ein bißchen in die Zukunft sehen«, sagt Marcel in unsere Ratlosigkeit hinein. »Wenn ich was denke, dann passiert das auch. Zum Beispiel, wenn irgendwas runterfällt. Ich weiß, daß das gleich passieren wird – und dann passiert es. Das kommt mir dann ganz komisch vor. Aber das betrifft immer nur ganz kurze Zeiträume. So richtig in die Zukunft gucken kann ich nicht. Wenn ich im Bett liege, ein bißchen vor mich hin döse – dann spüre ich, was gleich passieren wird. Zum Beispiel, daß ein bestimmter Mensch gleich zu uns an die Haustür kommt. Und das passiert dann wirklich.«

Marcel weiß nicht, daß viele Stimmenhörer von solchen paranormalen, medialen Erfahrungen erzählen (vgl. hierzu

»Die Geister, die ich rief« und das Interview mit Walter von Lucadou). Manches erschreckt ihn sehr. Er hört in einem leeren Raum Schritte auf sich zukommen. Er guckt in den Spiegel, sieht für Sekundenbruchteile ein fremdes Gesicht.

Einmal, als er sich bei einem Einkaufsbummel von seiner Mutter getrennt hat, allein durch die Stadt läuft, hört er eine Stimme, die ihn auffordert, jemanden zu töten. »Weil ich das nicht befolgt habe, wurden die Stimmen nachher besonders schlimm.« Auch das kann Marcel seinen Eltern erst erzählen, nachdem er unseren Film gesehen hat, in dem andere Stimmenhörer über ähnliche Erfahrungen erzählen.

Mit professionellem Rat können Marcel und seine Eltern kaum rechnen. Die Erfahrungen stimmenhörender Kinder, die Frage, wie ihnen geholfen werden könnte, sind kaum erforscht. Vierzehn Prozent der Stimmenhörer, die von Marius Romme und Sandra Escher in den Niederlanden befragt wurden, gaben an, daß sie die Stimmen schon vor ihrem zehnten Geburtstag vernahmen, bei weiteren zehn Prozent traten sie vor dem zwanzigsten Lebensjahr auf. Einige, die mit Stimmen groß geworden waren, hatten das für völlig normal gehalten und erst irgendwann im Laufe des Älterwerdens bemerkt, daß nicht alle Menschen mit Stimmen im Kopf leben. Andere wurden durch Stimmen so verwirrt und geängstigt, daß sie schon früh in psychiatrische Behandlung kamen.

Um mehr über die unterschiedlichen Entwicklungsverläufe dieser Kinder zu erfahren, starteten Romme und Escher ein zweites Forschungsprojekt, mit dem sie erneut Pionierarbeit leisten. 1996 begann die Befragung von insgesamt achtzig stimmenhörenden Kindern im Alter von acht bis vierzehn Jahren, die vier Jahre lang in ihrer Entwicklung begleitet werden sollen. Die Kinder wurden vor allem durch Aufrufe in den Medien gefunden. Nur acht Kinder wurden durch kinderärztliche oder -psychologische Praxen an das Forschungsprojekt vermittelt.

Sandra Escher, die solche Interviews mit den Kindern führt, nahm mich mit in Tamaras Familie. Die schlacksige Elfjährige lebt mit ihren Eltern in einem niederländischen Vorstadtreihenhaus und wirkte, als wir sie kennenlernten, so vergnügt und diesseitig wie andere Mädchen ihres Alters. Daß sie Stimmen hört, daß sie zeitweise mit bis zu zwanzig verschiedenen Wesen zusammenlebt, von denen sie einige auch sehen kann, erfuhren ihre Eltern, als im niederländischen Fernsehen über das Thema Stimmen berichtet wurde – und Tamara seelenruhig erklärte: »Das habe ich auch!« Das Gespräch, das Sandra Escher mit ihr führte, fand in Anwesenheit der Mutter, Großmutter und eines NDR-Kamerateams statt. Tamara brachte das nicht aus der Ruhe. Gelassen gab sie auf jede Frage Antwort. Ein kleiner Ausschnitt aus der standardisierten Befragung, die ein bis zwei Stunden dauert, sei hier zitiert.

Sandra Escher: Hörst du Stimmen?

Tamara (lacht): Ja, die höre ich.

Und wie viele?

Manchmal mehr, manchmal weniger. Ich muß erst zählen (zählt an den Fingern ab). Auf jeden Fall sind es sechs.

Haben die Stimmen Namen?

Die Begleiter schon: Jaqueline – das ist der Hauptbegleiter. Die nächste heißt Susanne. Und Bernhard, Ralf …

Haben Sie verschiedene Charaktere?

Susanne ist jünger und denkt anders, die spielt mehr und so. Aber sonst sind sie alle mehr oder weniger gleich.

Warum ist Jaqueline der Hauptbegleiter?

Weil sie als erste da war.

Hat sie am meisten Einfluß?

Nein.

Kommen die Stimmen von einem Mann, einer Frau oder einem Kind?

Einem Mann, einer Frau und einem Kind.

Glaubst du, daß du das, was sie sagen, selber denkst, oder kommt es von jemand anders?

(Tamara überlegt lange): Ich bin fast sicher, daß ich sie mir nicht selber ausgedacht habe, weil ich die Menschen, die das sagen, auch sehe.

Wenn du Angst hast, kommen dann auch Stimmen?

Andere Stimmen!

Aber Stimmen kommen dann auch?

Ja!

Machen sie dir mehr angst, oder helfen sie dir?

Eigentlich machen die mir mehr angst.

Als dieses Gespräch geführt wird, steht Tamara an der Schwelle zur Pubertät. Die Spielwelt des Kindes hatten die Stimmen nicht gestört, und bei den Schularbeiten gaben sie manchmal wertvolle Tips. Tamara hat auch andere ungewöhnliche Sinneseindrücke: Sie nimmt farbige Auren von anderen Menschen wahr, die etwas mit den Gefühlen dieser Leute zu tun haben. Sie sieht kleine Leuchtkugeln durch die Luft fliegen und kann viele der Stimmen, die sie hört, auch als Gestalten visualisieren.

Erst das Erschrecken der Erwachsenen, das Bewußtsein darüber, daß ihre Wahrnehmungen ungewöhnlich sind, machte auch Tamara angst. In der Folgezeit mischten sich bösartige »Monster« unter die sie begleitenden Geisterwesen. Jetzt will sie gerne »ganz normal« werden und ihre unsichtbaren Begleiter loswerden. Sie geht regelmäßig zu einem »paranormalen Heiler«, einem Geistheiler, der ihr hilft, den Einfluß der Stimmen zu vermindern.

In den Niederlanden sind einige Geistheiler sehr ernsthaft an den Diskussionen über das Phänomen Stimmenhören beteiligt. Einzelne Erfahrungsberichte legen nahe, daß diese Geistheiler, wenn sie verantwortungsvoll und im Bewußtsein um die Grenzen ihrer Fähigkeiten arbeiten, Stimmenhörern helfen können, das Chaos von geistigen Kräften, dem sie sich ausgesetzt fühlen, zu ordnen. Eine Zusammenarbeit mit Psychiatern und Psychotherapeuten findet in Einzelfällen statt, zumeist unter dem Siegel der Verschwiegenheit.

Auch in Deutschland wenden sich Menschen mit psychischen Störungen und außergewöhnlichen Wahrnehmungen nicht selten an Geistheiler. Sie können dabei an Betrüger geraten, an Scharlatane oder an Menschen, die mit einer noch unerklärten, aber möglicherweise doch hilfreichen medialen und heilenden Begabung arbeiten.

Marcels Eltern sind nüchterne Leute ohne jeden Hang zu esoterischem Schnickschnack. Doch irgendwann, nach den Erfahrungen mit herkömmlicher Kindertherapie und -analyse, gingen auch sie mit ihrem Sohn zu einem Geistheiler. Von verschiedenen Seiten hatten sie Gutes über den Mann gehört: Er hatte eine Verwandte von Hautausschlägen und chronischen Kopfschmerzen befreit, hatte Kindern, die unter starken Ängsten litten, helfen können. Und er behandelte jetzt Marcel, eine Woche lang.

»Das war schon eindrucksvoll«, sagt seine Mutter. »Der hat den Jungen schräg in den Raum gestellt. Ohne ihn zu berühren. Er hatte nicht mal Blickkontakt, sondern stand hinter Marcel. Es sah aus, als würde er starke Magnetfelder um den Jungen herum aufbauen und die Energien in seinem Kopf anders polen.« Nach einer Woche Behandlung sind die Stimmen verschwunden. Doch Marcel beginnt, unter unerklärlichen körperlichen Symptomen zu leiden: Hautausschlägen, Migräneanfällen, Kreislaufbeschwerden. Mit einer homöopathischen Behandlung bessern sich diese Beschwerden allmählich. Und die Stimmen kommen wieder, aber nicht mehr so häufig, nicht mehr so bedrohlich wie früher. »Man muß schon sagen«, sagt der Vater, »die Behandlung beim Geistheiler hat am meisten gebracht. Dabei sind wir ganz realistische Typen, die an so was nie geglaubt haben.«

»Ich kann die Stimmen jetzt auch abstellen, wenn ich mich anstrenge«, erzählt Marcel. Das geht vor allem mit den drei schwächeren. »Die stärkste – das ist schon schwerer. Manchmal unterhalte ich mich mit ihnen. Die stellen ja nicht nur Forderungen, die helfen mir auch. Über welches Thema ich auch gerade nachdenke – da mischen die sich ein und bringen mich auf neue Gedanken. Die streiten miteinander, was ich machen soll, wenn ich mich selbst nicht entscheiden kann. Meistens gewinnt der eine, der Starke. Aber manchmal setze ich mich durch. Wir kämpfen auch miteinander. Wenn ich gewinne, ist er wütend. Und wenn er gewinnt, drohe ich ihm an, nichts mehr von dem zu tun, was er mir sagt. Wenn mir dann was Schlimmes passiert, sage ich ihm, gehorche ich dir erst recht nicht mehr. Wenn ich ihm das androhe, läßt er meistens locker.«

Manchmal durchlebt Marcel noch schreckliche Angstzustände. »Und wenn er dann mit uns darüber gesprochen hat, was ihn bedroht, geht es ihm hinterher viel besser«, erzählt seine Mutter. Anfangs, sagt sie, war sie nicht sicher, ob es richtig sei, mit ihrem Sohn über die Stimmen zu sprechen. Inzwischen weiß sie, daß ihm das hilft.

Terry und Julie aus Manchester waren schon seit Jahren im britischen »Netzwerk der Stimmenhörer« engagiert, als ihre elfjährige Tochter Carmen ihnen zum erstenmal von Stimmen erzählte. »Ich bin stolz darauf, Stimmen zu hören«, hatte Terry immer erklärt. Ihm war die Stimme seines Vaters zu Hilfe gekommen, als er als Tourist in Spanien verhaftet wurde und für Wochen im Knast saß, ohne zu wissen, warum.

Doch jetzt, das eigene Kind? Die erste Reaktion war Abwehr und Schrecken. »Als sie es mir zum erstenmal erzählt hat, habe ich ihr sofort geglaubt«, erzählt Julie, »aber ich wollte es eigentlich nicht glauben. Ich wußte einfach nicht, wie ich damit umgehen sollte, und das, obwohl ich soviel über das Stimmenhören wußte. Es war mir zu nah an meinem eigenen Zuhause, es *war* zu Hause. So was passiert anderen Leuten, dachte ich, aber doch nicht uns!«

Die Eltern wußten, daß Carmen etwas Furchtbares durchgemacht hatte: Sie war von einem Nachbarn mißhandelt und später immer wieder von der Polizei verhört worden. Genau ein Jahr nachdem Carmen ihren Eltern erzählt hatte, was bei dem Nachbarn passiert war, sprach sie über Stimmen. Sie fühlte sich umgeben von weiblichen Wesen, die alle gleich aussahen, alle ein Haarnetz trugen, ihr befahlen, eine Hochzeitsfeier vorzubereiten. »Sie haben keine schrecklichen Sachen gesagt. Aber sie haben mich erschreckt, weil sie so auf mich eingeredet haben, das hat mir angst gemacht«, erzählt Carmen. Julie versucht währenddessen, nach Carmens Anweisungen eine Zeichnung der seltsamen Frauen mit den bunten Kleidern anzufertigen. Der Schrecken bekommt eine Gestalt.

Anfangs waren sie ständig da, erzählt Carmen, zu Hause, in der Schule, abends im Bett. Dann, nachdem sie mit ihrer Mutter darüber gesprochen hatte, kamen sie seltener – nur noch, wenn Carmen allein im Bett lag, besonders wenn sie krank war. »Nach dem ersten Schock haben wir uns ein bißchen beruhigt und angefangen, darüber nachzudenken, wie man damit umgehen könnte«, erzählt Julie.

»Ich versuche jetzt, sie nicht zu beachten. Manchmal verschwinden sie dann. Oder ich singe einfach ganz laut, so daß ich sie nicht hören kann«, erklärt Carmen. Wenn im Büro des Stimmenhörernetzwerks Briefe von ratsuchenden Eltern ankommen, setzt Carmen sich manchmal hin und schreibt deren Kindern, tauscht mit Gleichaltrigen Tips und Ideen zum Umgang mit den Stimmen aus.

Eine Stimmenhörerkonferenz nur für Kinder, so wie sie von Sandra Escher und Marius Romme 1993 in den Niederlanden organisiert wurde – das würde Carmen, Tamara und Marcel auch interessieren. Niemand kann sagen, wie diese drei Zwölfjährigen in Zukunft zurechtkommen werden. Doch erste, im Sommer 1997 publizierte Ergebnisse der niederländischen Kinderstudie machen Mut.

Die Hälfte der Kinder aus der Studie war von den Forschern ein Jahr nach dem ersten Interview erneut aufgesucht worden. Zehn dieser 41 Kinder hörten inzwischen keine Stimmen mehr. Bei 23 Kindern waren die Stimmen deutlich weniger geworden. Bei sieben Kindern war die Situation unverändert, nur eines, ein Junge von sechzehn Jahren, hatte inzwischen noch mehr Probleme mit den Stimmen. Bei vielen Kindern hatten Verwirrung und Angst abgenommen. »Probleme in der Familie« als Folge des Stimmenhörens gaben Kinder und die ebenfalls befragten Angehörigen im ersten Jahr in 65 Prozent der Fälle an, im zweiten waren es nur noch 27 Prozent. »Probleme in der Schule« hatten im ersten Jahr der Befragung 78 Prozent der Kinder, im zweiten nur noch 22 Prozent.

Möglicherweise hatte die wissenschaftliche Befragung selbst dazu beigetragen, das Leben mit den Stimmen zu erleichtern. Kinder und Eltern fühlten sich mit ihrem Problem aufgehoben und ernst genommen. Die ausführliche Befragung bot ihnen einen Rahmen, über die Stimmen zu sprechen und nachzudenken, ohne daß sie befürchten mußten, in eine diagnostische Schublade einsortiert zu werden. Sandra Escher beobachtete in vielen Fällen, daß Kinder lernen, mit ihren Stimmen zu leben, wenn sie die Zusammenhänge zu ihren eigenen Gefühlen herstellen können. Bei einigen der befragten Kinder waren eindeutig traumatische Erfahrungen Auslöser der Stimmen gewesen. Bei anderen wurden sie vor allem im Zusammenhang mit Alltagskonflikten und -ängsten laut.

Mit Carmen hatten wir ein Interview für unseren Fernsehfilm gedreht. Am nächsten Tag besuchen wir mit dem kleinen Mädchen aus Manchester Portmeirion, das italienische Dorf an der walisischen Küste. Carmen ist lustig und aufgeregt, guckt sich alles genau an, macht Fotos, staunt besonders über den schrulligen Hundefriedhof.

Zum Schluß läuft das Kind zusammen mit seinen Eltern

auf die weite Wattfläche hinaus, die sich unter dem Dorf ausbreitet. Sie beginnt plötzlich radzuschlagen. In diesem Moment scheinen die seltsamen Gestalten, die Damen mit den Haarnetzen, ziemlich weit weg zu sein. Und wir wünschen Carmen, daß sie nach ihrer schweren Erfahrung wieder so sicher auf ihren Füßen landet, wie sie es nach jedem ihrer perfekten Radschläge tut.

Quellen:

Escher, Sandra: *Stimmenhören bei Kindern*. In: Romme, Marius, Escher, Sandra: *Stimmenhören akzeptieren*. Psychiatrie Verlag, Bonn 1997

Escher, S. und Buiks, A.: *Hearing Voices within Children*. Referat auf der Internationalen Konferenz des Hearing Voices Network in Maastricht, 29./30. August 1997

McCourt, Frank: *Die Asche meiner Mutter*. Luchterhand Literaturverlag, München 1996

Siegel, Ronald K.: *Das Mädchen mit den Drachenaugen*. In: Siegel, Ronald K.: *Halluzinationen*. Eichborn Verlag, Frankfurt 1995

Stratenwerth, Irene: *Hören Sie Stimmen?* Neue Erkundungen eines alten Phänomens. Dokumentation für »Prisma der Wissenschaften«, NDR 1996

Uralte Erkenntnisquelle: Göttliche Stimmen, himmlische Gesänge

Irene Stratenwerth

Marschmusik und Sphärenklänge – Fundstücke aus der musikalischen Hausapotheke

Aziza Mustafa Zadeh kam in Aserbaidschan zur Welt. Schon als kleines Mädchen fiel sie dadurch auf, daß sie auf dem Klavier klassische Vorgaben in erstaunliche Improvisationen verwandelte. Heute lebt sie als Pianistin in Mainz, bekannt geworden durch eine Musik, die Jazz und Klassik, Orient und Okzident miteinander verbindet. Azizah Mustafa Zadeh *hört* ihre Musik, bevor sie sie spielt. »Melodien kommen in meinen Kopf, und sie hören nicht mehr auf«, erzählte sie dem FAZ-Magazin. Sie empfindet das als himmlische Eingebung – und als Störung: »Das ist so, als würden da Kassetten abgespielt werden, eine nach der anderen, vierundzwanzig Stunden am Tag«.

Auch im Kopf von Lothar F. werden Musikkassetten abgespielt. »Fahrstuhlmusik« nennt der gelernte Ingenieur und überzeugte Naturwissenschaftler dieses Programm etwas abfällig. Auf die Auswahl hat er nur begrenzten Einfluß: Viel Popmusik ist dabei, weniger Klassik, keine Neukompositionen, sondern bekannte Stücke. Manches kann er »anwählen« wie in einer Musikbox. »When I'm sixty-four?« frage ich. »Genau«, sagt er, »jetzt hör' ich die Oboen und diesen Einsatz des Schlagzeuges.«

Seine Frau hat lange Zeit geglaubt, es sei Nervosität, wenn Lothar F. mit dem Fuß wippt oder mit der Hand einen imaginären Takt schlägt. Erst spät erfuhr sie von der permanenten Beschallung in seinem Kopf. Wenn er Musik aus dem Radio oder der Hi-Fi-Anlage hört, schaltet sich das innere Programm vorübergehend ab. Und in Gesprächen oder Vorträgen? »Das hängt davon ab, wie interessant die sind. Wenn ich jemandem intensiv zuhöre, wird die Musik automatisch in den Hintergrund geblendet. Fange ich an, mich zu langweilen, wird sie von selbst wieder lauter.«

Zwei Varianten eines eher unbekannten, aber wohl recht verbreiteten Phänomens: »Musikhalluzinationen«. Sie können nervtötend penetrant sein oder überirdisch schön, können Jahrzehnte zurückliegende Erinnerungen wachrufen oder visionäre Neukompositionen eingeben. Das Hören »innerer Musik« gilt nach gängigem wissenschaftlichen Verständnis als »Pseudohalluzination«, weil die Betroffenen ihre Wahrnehmungen nach kurzer Zeit als Sinnes»täuschung« erkennen und nicht für äußere Wirklichkeit halten. Menschen, die ausschließlich Musik und keine Stimmen hören, gelten auch der Schulmedizin nicht als psychisch krank.

»Wer soll das bezahlen?« Eine dunkle Männerstimme singt ununterbrochen dasselbe Lied. Einzige Zuhörerin ist eine 79 Jahre alte Dame. Eine Altersgenossin berichtet von gemischten Chören, die Opernmelodien und Volkslieder erschallen lassen. Ein 75jähriger Mann wird mit Marschliedern (»Es zittern die morschen Knochen«) drangsaliert, eine Frau im gleichen Alter mit der ständigen Wiederholung einer Akkordeonweise gepeinigt.

Die Patientinnen und Patienten, die über solche Wahrnehmungen berichten, waren ältere Menschen. Sie hatten ihren Ärzten nur unter Überwindung großer Hemmungen von den seltsamen Musikerlebnissen berichtet und waren dann bereit, an einer wissenschaftlichen Studie an der Universitätsklinik Lübeck teilzunehmen. Sämtliche technischen Möglichkeiten, per Computertomographie und EEG

Auffälligkeiten der Hirnstruktur und -tätigkeit zu finden, blieben ohne Ergebnis. Organische Ursachen oder Begleiterscheinungen für das »Musikhören« waren nicht zu finden. So blieb als einzige feststellbare Gemeinsamkeit der Patienten: Sie waren alt und schwerhörig geworden. Und genau das ist nach der gängigen neurologischen Theorie der eigentliche Auslöser sogenannter Musikhalluzinationen.

»Im Laufe seines Lebens speichert das Gehirn in neuronalen Schaltkreisen visuelle und/oder akustische Informationen«, erklärt Detlef Kömpf, Neurologe an der Universitätsklinik Lübeck. »Wenn der visuelle oder akustische Eingang ins Gehirn reduziert wird – wie bei schwerhörigen Patienten –, kann man sich vorstellen, daß diese Information, die in den Schaltkreisen gespeichert ist, durch die mangelnde Kontrolle aus der Außenwelt freigesetzt wird und beginnt, ein Eigenleben zu führen.«

Musikhalluzinationen wären demnach ein einfaches »Abspielen« gespeicherter Erinnerungen. Daß dieser Vorgang direkt provoziert werden kann, zeigte der Neurologe Wilder Penfield. Seine spektakulären Versuche wurden in den fünfziger Jahren im Rahmen von Hirnoperationen an Epileptikern durchgeführt. Die Patienten mußten bei diesen Eingriffen bei vollem Bewußtsein sein, damit die Chirurgen jederzeit die Auswirkungen der Einschnitte ins Gehirn überprüfen konnten. Während die Patienten also eine Operation über sich ergehen ließen, die sie künftig vor epileptischen Anfällen schützen sollte, reizte Penfield mit Hilfe schwacher elektrischer Impulse verschiedene Punkte im Bereich der vorderen Schläfenlappen des offenliegenden Gehirnes.

Und völlig unvermittelt vernahmen die Patienten Stimmen – und noch häufiger Musik. Da wurde *White Christmas* von einem Chor gesunden, Erkennungsmelodien verschiedener Radiosendungen abgespielt, Weihnachtslieder von den eigenen Eltern vorgetragen, und es ertönten Ausschnitte aus dem Musical *Guys and Dolls*. In jedem Fall hörten die Betroffenen Melodien und Interpreten, die ihnen vertraut waren. Die technisch ausgelösten musikalischen Halluzinationen nahmen oft alle Sinne in Anspruch, waren mit Bildern und Gerüchen verbunden und mit heftigen Gefühlen.

Penfield interpretiert sie als an die Oberfläche des Bewußtseins geschwemmte Momentaufnahmen aus der eigenen Vergangenheit: »Es mag sich hierbei um einen Zeitabschnitt handeln, in dem er Musik gehört, einen Blick durch eine Tür in einen Tanzsaal geworfen hat, in dem er oder sie in Southbend, Indiana, an der Ecke der Jacob Street und Washington Street stand, oder um einen Weihnachtsabend, an dem Vater und Mutter Weihnachtslieder sangen.« Der Neurologe nahm an, daß solche Erinnerungsfetzen durch seine Experimente nach dem Zufallsprinzip »wiedergefunden« würden. Insgesamt aber blieb die Interpretation seiner Experiment, in der Fachwelt umstritten.

Musikalische Halluzinationen können definierbare hirnphysiologische Auslöser haben – und dennoch für denjenigen, der sie erlebt, von großer persönlicher Bedeutung sein. Das erfährt der Neurologe und Schriftsteller Oliver Sacks in der Beschäftigung mit einer Patientin, die ein Psychiater etwas ratlos zu ihm geschickt hat. Die alte Dame hatte eines Nachts von ihrer Kindheit in Irland geträumt und im Traum irische Volkslieder gehört. Als sie aufwachte lief die Musik weiter – so laut und deutlich, daß sie glaubte, ein Radio sei eingeschaltet. Irgendwann kam die Bewohnerin eines amerikanischen Altenheimes zu dem Schluß, daß kein US-Sender ausschließlich irische Musik senden würde. Die Quelle der Musik mußte sich also in ihrem eigenen Kopf befinden.

Oliver Sacks untersuchte seine alte Patientin mit Hilfe von EEG und Computertomographie. Er fand Spuren eines Infarktes im Bereich der Schläfenlappen. »Das plötzliche Erklingen irischer Lieder mitten in der Nacht war offenbar die Folge eines Schlaganfalles«, diagnostizierte er. Wenige Wochen nach dieser Untersuchung löste sich das Blutgerinsel im Gehirn auf, die irischen Volksmusikeinlagen verstummten.

Dabei könnten es Arzt und Patientin bewenden lassen. Doch die alte Dame ist über das Verschwinden der Musik nicht nur erleichtert. Sie hat mit den irischen Liedern Kindheitserinnerungen zurückgewonnen, die vorher verschüttet waren – Erinnerungen an ihre Mutter, die starb, als sie fünf Jahre alt war. »Ich weiß, daß ich eine alte Frau in einem Altersheim bin, aber ich fühle mich wieder wie als Kind in Irland: Ich fühle die Arme meiner Mutter, ich sehe sie vor mir, ich höre sie singen«, hatte sie während ihrer »musikalischen Anfälle« erzählt. Diese Bilder und Gefühle gingen ihr nun wieder verloren.

Aber es blieb ihr das Wissen darum, daß sie sich hatte erinnern können, und damit eine wichtige Erfahrung: »Mrs. O'c.s Anfälle hatten eine Art ›Wandlung‹ zur Folge, verliehen ihrem Leben einen Mittelpunkt und gaben ihr die verlorene Kindheit zurück – und damit eine heitere Gelassenheit, die sie nie zuvor gekannt hatte«, schreibt Sacks. Für die alte Dame war ein kleiner Schlaganfall zur glücklichen Fügung geworden: »Es war, sagte sie, als habe sich eine Tür geöffnet – eine Tür, die ihr ganzes Leben lang verschlossen gewesen war.«

Noch im letzten Jahrhundert galten ungewöhnliche Sinneswahrnehmungen nicht als eine Angelegenheit, mit der sich vor allem Ärzte zu beschäftigen hätten. Von vielen Künstlern, Literaten, Wissenschaftlern jener Zeit sind solche Erlebnisse überliefert. Vielleicht war das »innere Ohr« der Menschen auch einfach besser ausgebildet, als es noch nicht permanenter musikalischer Berieselung von außen ausgesetzt war. So erzählt etwa Maximilian Perty, ein bedeutender Zoologe und Naturforscher des 19. Jahrhunderts, wie ihm innere Musik zu Hilfe kam in einem Moment emotionaler Leere und Einsamkeit: »In einer Oktobernacht 1838, als ich eben in München war und gegen Mitternacht in trüben Gedanken wachend lag, weil mir von jemand auf treulose und undankbare Weise begegnet wurde, ertönte plötzlich eine leise zarte Musik, wie von einer kleinen Glasharmonika, etwa einen Marsch darstellend.«

Eine ganz ähnliche Melodie erklingt offenbar hundert Jahre später der Kulturanthropologin Felicitas Goodman. Die Professorin an der amerikanischen Dennison-Universität, die spezialisiert ist auf die Erforschung religiöser Ausnahmezustände, hört sie zum erstenmal, als sie in New Mexiko eine alte Kultstätte aufsucht. Voll Trauer denkt sie dort an einen Menschen, von dem sie kürzlich hat Abschied nehmen müssen. »Plötzlich erklang vom Gebälk der niederen Decke ein silbernes Geläut wie von einer kleinen Glocke. Es war so volltönend, daß ich zuerst ganz unlogisch meinte, es müsse sich ein Vogel ins Haus verirrt haben, obgleich ich keinen Vogel kannte, der so ein Lied hatte. Ich wischte die Tränen ab, schaute umher, suchte überall, konnte aber nicht entdecken, wo das helle Läuten herkam, das immer stärker wurde, so daß der Ton das ganze kleine Haus erfüllte.«

Später hat die Wissenschaftlerin weitere Begegnungen mit der musikalischen Quelle, die sie als ihren »Grillengeist« bezeichnet. Als die Feldforscherin sich bei einer Pfingstsekte in Yukatan einen quälend langen und langweiligen Gottesdienst anhören muß, kommt ihr wieder einmal das melodische Läuten zu Hilfe. »Es läutete so laut, daß ich von den Söhnen Abrahams aber auch nicht eine Silbe mehr zu hören brauchte«, berichtet sie. Als der Prediger endlich zum Ende kommt, ist allerdings auch das »Grillengeistlein« völlig erschöpft: »Es brachte nur noch ein leicht versilbertes Krächzen heraus, dann verstummte es.«

Auch von Eduard Mörike ist überliefert, daß er »Musik hörte«, sogar gemeinsam mit seinen Angehörigen. Am

8. September 1874 feierte der Dichter seinen siebzigsten Geburtstag. Er ging früh zu Bett. »Klara, seine Schwester, und Mariechen, seine Tochter, welche mit ihm das Fest in aller Zurückgezogenheit begangen hatten, wachten beide. Plötzlich erklangen harfenähnliche Töne, die sanft im kleinen Zimmer verhallten. Klara horchte gespannt auf und hielt Ausschau nach den freundlichen Musikanten, aber weder draußen auf der Straße noch drinnen im Hause fand sich eine Spur von solchen. Zugleich rief Mörike aus seinem Schlafkabinett: ›Wo ist die Musik?‹ – Die Angehörigen aber konnten nur ihre Verwunderung ausdrücken, rätselhaft, wie sie gekommen, waren die Töne verklungen, es war nun doppelt still in der Wohnung. Da sagte Mörike: ›Das geht mich an. Es ist mein letzter Geburtstag.‹ Und es war sein letzter. Am 4. Juni des folgenden Jahres starb er.«

Noch rätselhafter ist die Geschichte, die im Jahre 1914 in der Leipziger »Neuen Zeitschrift für Musik« über den schwedischen Schriftsteller und Nobelpreisträger Verner von Heidenstam zu lesen war: »Heidenstam hatte sich für den Winter ein Rittergut in Södermanland gemietet, das seit vielen Jahren unbewohnt dastand; hier glaubte er ungestört arbeiten zu können. Mitten in der Stille der Nacht wurde er nun von einer wunderlichen Musik geweckt, deren Herkunft ein Rätsel blieb. Tonfolge und Töne unterschieden sich von aller Musik, die er je gehört hatte; sie schienen von einem harfenähnlichen Instrumente zu kommen.« Auch die Frau und das Hausmädchen des Dichters hörten dieselbe Melodie, die Heidenstam schließlich aufzeichnet und dem Komponisten und Musikwissenschaftler Gösta Gejer schickt. Dieser stellt verblüfft fest, »daß die seltsame Musik sich auf einer mittelalterlichen Tonleiter aufbaute, die weder Heidenstam noch seine Frau kannten«.

Die Zeitschrift erwähnt in diesem Zusammenhang weitere Berichte, wie das bereits 1740 in Hamburg veröffentlichte Buch über das »unterirdische Klippenkonzert in

Norwegen, aus glaubwürdigen Urkunden und Begehren angezeigt von Matthesson«. Das Musikfachblatt folgert: »Demnach scheint es, daß solche Ereignisse in dieser Zeit nicht ganz selten waren. Worum es sich damals bei dem Erlebnisse Heidenstams handelte, ist vorläufig ein Rätsel; als Halluzination kann man die geheimnisvolle Musik wohl kaum erklären, denn sie ist von verschiedenen Personen unabhängig voneinander auf gleiche Weise gehört worden.«

Die Vorstellung, daß es eine Musik »in uns« gibt, die wir nicht kennen, die nicht einer Tonkonserve oder einer Lebenserinnerung entstammt, sondern zu einem kollektiven, unbewußten musikalischen Repertoire gehört, hat etwas Faszinierendes und Tröstliches.

Und noch einmal lohnt sich ein Blick in die Geschichte, in die Welt der griechischen Heldensagen – laut Julian Jaynes sind sie ja bedeutende Zeugnisse für die Entwicklung menschlichen Denkens und Bewußtwerdens. Es geht um die Geschichte von Odysseus, dem Mann, der zum Helden wurde, weil es ihm gelang, sich der magischen Anziehungskraft der Sirenen, *dem Gesang der Sirenen*, zu entziehen. Der Musikwissenschaftler Joachim Ernst Berendt schreibt dazu:

»Und Odysseus hatte verstanden: Er und seine Gefährten würden nicht widerstehen können. Der Gesang der Sirenen war deshalb so verlockend für ihn, weil er in Wirklichkeit der seines eigenen Blutes war. ›*Es* singt‹, sagt Rilke in seinem Sirenengedicht. Jakob Grimm vermutet, die umgangssprachliche Formulierung, ›man höre die Engel im Himmel singen‹, gehe auf das Lied der Sirenen zurück.«

Odysseus aber kann der Sogwirkung dieser schrecklichschönen Engel widerstehen, indem er sich an den Mast seines Schiffes ketten läßt und seiner Mannschaft die Ohren mit Wachs verstopft. Er geht, so Berendt, in die europäische Geistesgeschichte ein als »der hörende Gefesselte. Der gefesselte Hörende.«

Zahlreiche Interpreten der Odysseus-Sage gehen davon aus, daß die Sirenen mit des Helden Verweigerung verstummten, vielleicht sogar starben. Ihr Singen ist ohne einen Hörenden, sie Erhörenden, sinnlos geworden. Odysseus, der Prototyp des modernen Menschen, der sich mit Hilfe seines rationalen Verstandes den Stimmen der Götter und Hexen widersetzen kann, wird zurückgelassen in einer furchtbaren Stille. »Die Geschichte verschließt mit ihrem Finger sorgsam die Lippen der Musen. Die bikamerale Psyche – stumm«, so beschreibt Julian Jaynes diesen Moment der Geburt des modernen, rationalen Verstandes.

Heute versuchen nicht wenige Menschen, diese verschlossenen, möglicherweise uralten Pforten der Wahrnehmung wieder zu öffnen – unter anderem durch Experimente mit Drogen. Wahrnehmungsforschung dieser Art ist das Spezialgebiet von Ron Siegel, der als Psychopharmakologe an der Universität von Los Angeles arbeitet. In seiner Sammlung seltsamer Fälle findet sich denn auch einer, der uns wieder auf die Odysseus-Sage und auch auf eine Musik verweist, die direkt vom Himmel zu fallen scheint.

Er berichtet über den Fall der Pianistin Constance, die in ihrer Hippiezeit viel mit der bewußtseinsverändernden Droge DMT experimentiert hatte. Constance hörte unter dem Einfluß von DMT eine Stimme, die sie als Stimme Gottes empfand, und dazu eine Begleitmelodie harmonischer Klänge, »die dem Tönen ferner Glöckchen im Wind ähneln«. Irgendwann beendet sie ihre Experimente mit DMT – und hört die göttlichen Glöckchen weiter. Die Musik hindert sie am Klavierspielen. Als das immer häufiger passiert, steht ihre berufliche Existenz auf dem Spiel, und sie fragt Ron Siegel um Rat.

»Wer war ich denn, um Gott zum Schweigen aufzufordern?« fragt sich der Forscher. Einerseits. Andererseits mahnt das schulmedizinische Gewissen: »Ich mußte Constance dazu bringen, daß sie begriff, daß es sich bei den

Glöckchen um Geräusche in ihrem Kopf handelte und um nichts sonst. Ich mußte ihren Gott gleichsam als Pfeifgeräusch in ihrem Ohr entlarven. Ich mußte sie mit ihren Halluzinationen konfrontieren und sie bremsen, bevor sie sich zu einer vollen Psychose auswachsen konnten.«

Ron Siegel kommt schließlich, angeregt durch Berichte anderer Ärzte, auf ein unglaublich simples Heilmittel: Er steckt seiner Patientin einen Ohrstöpsel ins linke Ohr. Nur einen – nicht zwei wie Odysseus. Constance hört nur noch »mono«, die musikalischen Halluzinationen verschwinden sofort. Die Pianistin kann wieder Klavier spielen. »Warum das funktioniert, weiß niemand«, resümiert Siegel.

Monate später wird er zu einem Klavierkonzert eingeladen. Constance spielt besser denn je: »Das Allegretto beginnt mit einem Triller hier, einem Doppelschlag dort. Die Milde des Ausdrucks erzeugte Constance durch den ganz leisen Anklang eines Glöckchens im abschließenden Dis. Das Trio klang munter, makellos. Nun das Presto. Kühner, triumphaler, purer Beethoven. Dort, beim Gis-Triller, das Echo eines Glöckchens. Schwebend schien es mehrere wunderbare Takte lang zu verharren, es weckte die Sehnsucht nach mehr ... Dies war ein Beethoven, wie ich ihn noch nie gehört hatte. Und ich begriff auch, warum: Es waren die Begleitklänge göttlicher Glöckchen.« Das Publikum ist begeistert, aber keiner ist so ergriffen wie Siegel, der seiner Patientin stehend applaudiert: »Vielleicht wußte nur ich, daß Gott durch diese Frau zur ganzen Welt sprach.«

Quellen:

Berendt, Joachim Ernst: *Das dritte Ohr.* Vom Hören der Welt. Rowohlt Verlag, Reinbek 1985

Goodman, Felicitas: *Der Hauch im Spiegel.* In: Holl, Adolf (Hrsg.): *Die zweite Wirklichkeit.* Ueberreuter Verlag, Wien 1987

Hoffman, Günter: *Musik wie ein Regenbogen oder wie ein Obstsalat.* Aziza Mustafa Zadeh. FAZ-Magazin 17.4.1997

Klostermann, W., Vieregge, P., Kömpf, D.: *Musik-Pseudohalluzinose bei erworbener Schwerhörigkeit.* In: Fortschritte der Neurologie und Psychiatrie 60, Thieme Verlag, Stuttgart, New York 1992

Penfield, W., Perot, P.: *»The brains record on visual and auditory experience: A final summary and discussion.«* Brain 86, 1963. Zit. nach Sacks, Oliver: *Der Mann, der seine Frau mit einem Hut verwechselte.* Rowohlt Verlag, Reinbek 1987

Rosenberger, L. (Hrsg.): *Geisterseher.* Eine Sammlung seltsamer Erlebnisse berühmter Persönlichkeiten in Selbstzeugnissen und zeitgenössischen Berichten. Ernst Heimeran Verlag, München 1952. Darin:

– Perty, Maximilian: *Die mystischen Erscheinungen der menschlichen Natur.* Leipzig 1861

– *Nekrolog über den Dichter von Oberst Günther in Stuttgart.* In: Alemania, Bonn 1875

Sacks, Oliver: *Der Mann, der seine Frau mit einem Hut verwechselte.* Rowohlt Verlag, Reinbek 1987

Siegel, Ronald K.: *Halluzinationen: Expeditionen in eine andere Wirklichkeit.* Eichborn Verlag, Frankfurt 1995

Charlotte Kerner

Mit der Seele hören – die Gesichte und Stimmen der heiligen Hildegard von Bingen (1098–1179)

Die Äbtissin Hildegard von Bermersheim ist 42 Jahre alt und hat ihr halbes Leben gelebt, als sie ein himmlisches Gesicht erblickt und ihr »aus einem sehr großen Glanz« eine Stimme entgegenschallt: »Gebrechlicher Mensch, Asche zu Asche, Moder zu Moder, sage und schreibe, was du siehst und hörst. Doch weil du zu schüchtern bist zum Reden und einfältig zur Auslegung und ungelehrt, das Geschaute zu beschreiben, sage und schreibe ... aus der Gabe heraus, die dir in himmlischen Gesichten zuteil wird: wie du es in den Wundern Gottes siehst und hörst.«

Nicht *daß* sie ihren Gott hört, erschüttert die Klosterfrau zutiefst, die zurückgezogen auf dem Disisbodenberg lebt, einem Bergsporn am Zusammenfluß von Glan und Nahe. Seit Hildegard denken kann, fühlt sie sich auserwählt, hält sie Zwiesprache mit der Natur, mit dem Kosmos und ihrem Gott. Und daß ER zu ihr spricht, glaubt nicht nur sie allein, sondern auch die Menschen, mit denen sie lebt.

Alle Menschen des zwölften Jahrhunderts eint der unerschütterliche Glaube an den dreieinigen Gott und die Überzeugung, daß solche Offenbarungen möglich sind. Hildegard und ihre Zeitgenossen leben in einer Welt, in der noch Heilige wandeln und Wunder tagtäglich geschehen. Die Welt ist ihnen wirklich noch Kosmos. Luft und Feuer, Wasser und Erde sprechen die Sprache Gottes. Die erlebte Wirklichkeit ist vielschichtiger, als wir sie heute mit kühlem, aufgeklärtem Blick wahrnehmen. Die gesamte Umwelt birgt göttliche Zeichen, man sieht und hört anders und mehr.

Was die Nonne Hildegard in ihrem 42. Lebensjahr erzittern und erbeben läßt und aufs Krankenlager wirft, ist allein, *was* die Stimme befiehlt: »Sage und schreibe, was du siehst und hörst.« Von nun an soll sie Gottes Wort vor aller Welt verkünden, »das Verborgene offenbaren«, eine ungeheure, gewaltige Herausforderung. Prophetin zu sein ist Glück, ist Lust der Erkenntnis: »Es durchglühte mir Herz und Brust gleich einer Flamme, die jedoch nicht brannte, sondern wärmte, wie die Sonne den Gegenstand erwärmt, auf den sie ihre Strahlen legt.«

Doch dann fragt sich Hildegard: Warum gerade ich? Grenzt es an Vermessenheit, erhebt sie sich gar in »Geistesaufgeblasenheit« über die anderen? Alles kann eitler Trug sein, eine Versuchung des Teufels gar. Irrt sie? Ja, da ist Angst, die Furcht, irre zu werden und zu versagen. In diesem Konflikt wirft »Gottes Geißel« sie aufs Krankenlager, als innere Prüfung erlebt sie »die vielen Leiden«.

An diesem Wendepunkt ihres Lebens – wie aber auch schon in früheren und in späteren Konflikten – gesundet die Nonne immer dann, wenn sie sich der ihr befohlenen Aufgabe stellt, wenn sie auf ihre innere Stimme, auf Gottes Stimme hört. Dann erreicht sie ein ungeheures Selbstbewußtsein und handelt kraftvoll und zielstrebig.

Mit 42 Jahren stellt sich Hildegard ihrer Berufung, doch noch bleibt sie vorsichtig und schreibt nur insgeheim in der Klosterzelle ihre Gesichte nieder. Sie hat nur wenige Mitwisser: Kuno, den Abt des Doppelklosters, Mönch Volmar und ihre Vertraute, die Nonne Richardis von Stade.

Hildegard betont später immer wieder ihren wachen Zustand, während sie Visionen hat, um auf eine besondere Form der Erkenntnis zu verweisen. Mit seinen Sinnen und seinem Geist kann der Mensch begreifen, doch sie erfüllt eine »göttliche Inspiration«, die von außen kommt. Sie selbst hat genau Zeugnis gegeben von ihrer Art zu schauen: »Die Gesichte ... empfange ich nicht in traumhaften Zuständen, nicht im Schlafe oder in Geistesgestörtheit, nicht mit den Augen des Körpers oder den Ohren des äußeren Menschen und nicht an abgelegenen Orten, sondern wachend, besonnen und mit klarem Geiste, mit den Augen und Ohren des inneren Menschen, an allgemein zugänglichen Orten, so wie Gott es will ...«

Noch aber erfährt die übrige Welt nichts von ihr. Unsichtbar und stumm wirkt sie hinter den Klostermauern auf dem Disibodenberg, der ihr seit ihrem vierzehnten Lebensjahr Heimat ist.

Der Edelfreie Hildebert von Bermersheim und seine Frau Mechthild haben Hildegard, die 1098 im hügeligen Rheingau das Licht der Welt erblickt hat, für ein klösterliches Leben bestimmt. Das Mädchen ist ihr zehntes Kind, und so steht es in der Bibel: »Jeder Zehnt ist etwas Heiliges für den Herrn.« Außerdem ist dieses kränkliche Kind von Anfang an anders gewesen. »Bei meiner ersten Gestaltung, als Gott mich im Schoße meiner Mutter durch den Hauch des Lebens erweckte, prägte er dieses Schauen meiner Seele ein.« Hildegard bezeugt später auch, daß sie im Alter von drei Jahren, in dem symbolischen Jahr 1100, »ein so großes Licht sah, daß meine Seele erbebte«.

Die Eltern geben die achtjährige Tochter auf die Burg Sponheim. Dort wird sie mit der nur sechs Jahre älteren Grafentochter Jutta und einem gleichaltrigen Mädchen von einer frommen Witwe unterwiesen. Jutta von Sponheim, die sich mit vierzehn zur Jungfrauenweihe entschließt, betreibt mit viel Elan, daß ihre Familie für die drei jungen Frauen eine Klause auf dem Disibodenberg errichtet, wo seit 1108 Benediktiner eine neue große »Gottestadt« bauen. Am Allerheiligenfest 1112 ist es soweit: Die zwanzigjährige

Jutta und ihre beiden vierzehnjährigen Schülerinnen lassen sich am 1. November in der Klause einschließen. Sie ist aus Stein gebaut und besitzt nur ein einziges kleines Fenster, um Speisen durchzureichen und mit Besuchern zu sprechen. Es ist ein sehr jugendliches geistliches und mutiges Unternehmen, das die drei Adelstöchter starten und das weitere Schülerinnen anzieht. Die Klause wird rasch zum Kloster: Noch vor ihrem siebzehnten Lebensjahr legt Hildegard das ewige Gelübde ab und wird Benediktinerin.

Die junge Nonne findet im Kloster den Raum, um sich zu bilden und zu entfalten, und in Jutta eine Lehrerin, die sie fördert und der sie vertraut. Ihr und dem Seelsorger Volmar allein offenbart sie zunächst ihre Gesichte und wird von ihnen gestützt. Der Klosteralltag bereitet den Boden für ihre tiefen religiösen Erlebnisse. Gerade das Chorgebet ist eine machtvolle Form des Sichversenkens in eine andere Wirklichkeit. »Unter die Augen Gottes und der Engel« treten die Nonnen dann mit Leib und Seele und allen Sinnen.

In der ersten Hälfte ihres Klosterlebens, von dem wenig Persönliches überliefert ist, verläßt Hildegard das Licht nicht, das sie schon als Dreijährige erbeben ließ. Doch mit der Zeit hat sie sich eingerichtet in seinem »Schatten«. Die Erscheinungen, die Bilder und Stimmen, ängstigen sie nicht mehr, sondern sie erlebt die Schau zunehmend als Ausdruck göttlicher Gnade.

Als im Jahre 1136 Jutta von Sponheim stirbt, wählen die Klosterfrauen Hildegard einstimmig zu ihrer neuen Meisterin. Vielleicht gibt ihr das eine neue Sicherheit und den Mut, sich der größten Herausforderung ihres Lebens zu stellen: Prophetin zu sein. Denn erst nachdem sie sich in das Amt der Klostervorsteherin eingearbeitet hat, erlebt sie ihre lebensverändernde Berufung.

Im Jahre 1147 hat Hildegard schon fünf lange Jahre an der ersten theologischen Schrift, der Glaubenskunde *Sci Vias* (Wisse die Wege) gearbeitet. Fast jedem Tag, den das benediktinische Stundengebet gliedert und der vollgepackt ist mit den Pflichten einer Äbtissin, hat sie ein wenig Zeit zum Schreiben abgerungen. Wort um Wort hat sie mit einem hölzernen Griffel in die mit Wachs gefüllten Schreibtafeln geritzt. Dann hat Sekretär Volmar, den sie ihre »Feile« nennt, die Grammatikfehler in ihrem Latein ausgemerzt und alles auf Pergament übertragen.

Jedes Schauen ist ein schöpferischer, geistiger Akt, der den ganzen Menschen beansprucht und an Grenzen, auch körperliche Grenzen treibt. Hildegard erlebt ihre Gesichte als Lust: »Und wiederum hörte ich, wie Er sprach: ›Wie schön sind deine Augen, wenn du Gottestaten kündest, und wenn aus ihnen die Morgenröte des göttlichen Ratschlusses aufleuchtet!‹« Aber manchmal auch als Last: »Als ich schaute, rief plötzlich eine furchtbare Stimme vom Himmel: ›Göttlich ist, was du siehst!‹ Ich prallte zurück. Schrecken erfaßte mich ob dieser Stimme, und ich zitterte so, daß ich den Blick nicht mehr dorthin zu heben wagte.«

In gewaltigen Bildern entrollt die Nonne die ganze Heilsgeschichte: von der Erschaffung der Welt und des Menschen über das Werden und Sein der Kirche bis zur Erlösung und Vollendung am Ende der Zeiten. Hildegard beschreibt ihre inneren Bilder in jeder Einzelheit, in Zahl, Maß und Gewicht, Form und Farbe. Erst zwanzig Jahre später wird im klösterlichen Skriptorium diese pralle Bilderrede in wirkliche Bilder übersetzt: Malerinnen schaffen die wunderschönen und heute weltbekannten Miniaturen des Scivias-Kodex.

Nachdem Hildegard zuerst die »Oberfläche« eines Bildes beschrieben hat, geht sie in einem zweiten Schritt nochmals alle Bildelemente ab. Erst dann deutet die »vom Himmel zu der Seherin sprechende Stimme« die noch unverständlichen Symbole – eine Methode, die sie in allen ihren Schriften beibehält. Hildegard hört also in einer Vision immer auch die göttliche Erklärung des Geschauten. Und wenn sie »ich«

sagt, so ist das Ich wie eine Tür, durch die ein anderer hereintritt und spricht.

Hildegard hat sich in diesen fünf Jahren sicher immer wieder gefragt: Ist das, was ich höre, eine Einflüsterung des Teufels oder tatsächlich das Wort Gottes? Sind meine Visionen Wunder oder Wahnsinn? Schnell werden Frauen magische Kräfte zugeschrieben. Heilige oder Häretikerin – schmal ist der Grat, den sie mutig betritt. Im Jahr 1147 wagt sie den letzten großen Schritt in die Öffentlichkeit.

Die noch unbekannte Klosterfrau schreibt einen Brief an Bernhard von Clairvaux, wohl wissend, daß eine Ablehnung durch diesen ungekrönten Papst der Christenheit und Gegenspieler Abaelards sie für immer zum Schweigen verurteilt hätte. Aber sie kann nur weitermachen mit dieser kraftraubenden Arbeit, wenn sie endlich sicher ist, daß sie nicht irrt und irgendwann laut sprechen darf.

Bernhard bestätigt vorsichtig ihre »innere Unterweisung«. Doch das genügt dem Abt des Doppelklosters auf dem Disibodenberg. Kuno legt die Schriften der Nonne Papst Eugen III. vor, der um die Jahreswende 1147/48 auf einer Synode in Trier weilt. Nachdem eine Kommission die Verfasserin im Kloster aufgesucht und befragt hat, erhält Hildegard vom Papst das Recht, zu schreiben und zu lehren.

Hildegard hat von nun an offiziell ein prophetisches Lehramt inne. Und sie jubiliert: »Eine kleine Feder wurde berührt, daß sie emporfliege.« Sehr schnell tritt sie selbstsicher als Prophetin auf. Und wenn sie betont, sie sei nur ein Instrument, das ER zum Klingen bringe, und außerdem krank und *indocta*, also ungelehrt, so ist das nicht zu wörtlich zu nehmen und gehört zum typischen Bild eines biblischen Propheten. Wenn »Er« trotzdem und anerkanntermaßen durch diese »schwache Frau« spricht, so vergrößert das nur ihre Autorität. Und die erlaubt Hildegard, von nun an bis an die Grenzen dessen zu gehen, was für eine Frau in ihrer Zeit und Kirche denk- und machbar ist. Fast unangreifbar wird die Äbtissin, weil durch sie Gottes Stimme hörbar wird. Wenn »die Stimme aus dem Himmel« oder aus dem »lebendigen Licht« befiehlt, wer kann sich da noch widersetzen?

Abt Kuno kann es. Denn als Hildegard ihr neues Lehramt zum erstenmal in die Waagschale wirft, um vom Disibodenberg wegzuziehen und ein eigenes Kloster auf dem Rupertsberg bei Bingen zu gründen – dort, wo die Nahe in den Rhein mündet –, schleudert Kuno ihr ein barsches Nein entgegen. Er will die Seherin, die dem Disibodenberg Ruhm, Pilger und Spenden bringt, nicht verlieren. Wahrscheinlich spürt er auch, daß die Vision, in der Hildegard vom Heiligen Geist der Ort ihrer Klostergründung gezeigt wurde, eher zweckgerichtet ist und damit zur Waffe wird, mit der sie für ihre Überzeugungen kämpft. Sie schaut schließlich – bewußt oder unbewußt – ihren Wünschen und Vorstellungen entsprechend.

Hildegard ist in einem schier unlösbaren Konflikt: Folgt sie dem göttlichen Befehl, verweigert sie dem Abt den Gehorsam. Gehorcht sie dem Abt, widersetzt sie sich Gottes Willen. In dieser lähmenden Situation ist sie tatsächlich »wie gelähmt«. Einem Felsblock gleich – so berichten die Verfasser ihrer Vita – liegt sie zwei Jahre lang im Bett. Vom Krankenlager aus leitet sie dennoch den Kauf des Rupertsbergs in die Wege und veranlaßt erste Rodungs- und Bauarbeiten.

Wie immer die körperlich-seelische Reaktion Hildegards erscheint, als hysterisch oder depressiv, als weibliche List oder hilfloser Zusammenbruch – sie ist nachvollziehbar und höchst wirkungsvoll. An eine »göttliche Strafe«, weil sie in der Erfüllung der Schau säumig sei, glauben am Ende alle Klosterbrüder, und der Abt gerät unter Druck. Er tritt schließlich an ihr Bett und bittet, »sie möge im Namen des Herrn aufstehen und zu der Wohnung ziehen, die ihr vom

Himmel bestimmt sei. Kaum war das Wort gesagt«, so die Hildegard-Vita weiter, »erhob sie sich schnell, als hätte sie nach so langer Zeit an keiner Schwäche mehr gelitten. Da ergriff alle Anwesenden Staunen und Bewunderung.«

Hildegard hat bereits die Fünfzig überschritten, als sie mit zwanzig Schwestern zum Rupertsberg reitet. Daß eine Frau allein ein Kloster gründet und zur Blüte bringt – ohne die Rückendeckung durch einen Kaiser, Bischof oder andere Mächtige –, ist eine Tat, die im zwölften Jahrhundert einmalig ist.

Hildegard von Bingen, diese Theologin, die Sonne, Mond und Sterne in ihre Schriften holte, die Gott und die Welt, den Mensch und den Kosmos erklären wollte, erlahmt nie in ihrem Schaffensdrang, auch wenn sie krank ist. Für sie ist Christus der eigentliche Arzt und große Medicus. Wo seine Liebe wirkt, sind Mensch und Umwelt im Einklang und heil. In diesem umfassenden Sinne ist Hildegard eine überaus gesunde Frau. Denn nicht von der körperlichen Verfassung hängt ab, wo der Mensch steht, es ist eine geistige Entscheidung. Und das lebt Hildegard in einem erfüllten aktiven und langen Leben vor.

Nach der ersten Schrift, *Wisse die Wege*, an der sie zehn Jahre gearbeitet hat, kompiliert sie ab 1150 das gesamte natur- und heilkundliche Wissen ihrer Zeit. In ihrem zweiten großen theologischen Werk, dem *Liber vitae Meritorium* (Buch der Lebensverdienste), das 1163 nach fünf Jahren Schreibarbeit erscheint, läßt sie in 35 dramatischen Dialogen die Tugenden und Laster miteinander streiten.

Ein gigantisches Unterfangen ist die Kosmosschrift, das *Liber Divinorium Operum* (Welt und Mensch). Zehn weitere Jahre ihres Lebens widmet sie diesem Buch. Als kurz vor dessen Abschluß Volmar stirbt, fühlt sie sich »wie eine Waise in dieser Welt«, doch mit letzter Kraft vollendet die 76jährige auch dieses dritte Werk. Darin hat sie für das Einssein von Mensch und Natur und besonders für die soziale Dimension jeder menschlichen Entscheidung plastische und bis heute faszinierende Bilder gefunden: »Und ich hörte, wie sich mit einem wilden Schrei die Elemente der Welt an jenen Mann wandten. Und sie riefen: Wir können nicht mehr laufen und unsere Bahn nach unseres Meisters Bestimmung vollenden. Denn die Menschen kehren uns mit ihren schlechten Taten wie in einer Mühle von unterst zu oberst. Wir stinken schon wie die Pest und vergehen vor Hunger nach der vollen Gerechtigkeit.«

Aus Hildegard von Bermersheim wird im Laufe der Zeit Hildegard von Bingen. Und von der »Sybille vom Rhein« und der *prophetissa teutonica* wollen immer mehr Menschen wissen, wie sie zu den Bildern oder die Bilder zu ihr finden. Immer klarer werden ihre Erläuterungen. In einem Brief schreibt die Seherin mit 75 Jahren: »Das Licht, das ich schaue, ist nicht an den Raum gebunden. Es ist viel, viel lichter als eine Wolke, die die Sonne in sich trägt ... Und wie Sonne, Mond und Sterne in Wassern sich spiegeln, so leuchten mir Schriften, Reden, Kräfte und gewisse Werke des Menschen in ihm auf ... In diesem Licht sehe ich zuweilen, aber nicht oft, ein anderes Licht, das mir das ›lebendige Licht‹ genannt wird ... solange ich es schaue, wird alle Traurigkeit und Angst von mir genommen.«

Die greise Nonne fühlt sich in diesem Licht manchmal nicht wie eine alte Frau, sondern »wie ein einfaches junges Mädchen«. Sie stellt nochmals klar: »Ich sehe die Dinge nicht mit den äußeren Augen und höre sie nicht mit den äußeren Ohren, auch nehme ich sie nicht mit den Gedanken meines Herzens wahr noch durch irgendwelche Vermittlung meiner fünf Sinne. Ich sehe vielmehr einzig in meiner Seele ...«

Hildegard sieht nicht nur, sie hört auch mit der Seele. Ihre Bilderwelt ist nicht nur erfüllt von Stimmen, die erklären, sondern auch von Klängen. Und was sie hört, versucht sie als Komponistin zu notieren. Lob- und Freudengesänge, Wechselchöre der Tugenden und aller Himmelsbürger hat sie in den letzten Visionen ihres Buches *Scivias* zum erstenmal beschrieben und vernommen. Vielleicht ist das der wichtigste Anstoß gewesen zu komponieren. Denn durch die Musik, gespielt oder gesungen, so Hildegards Theorie, halten die Menschen die Erinnerung an den Zustand vor dem Sündenfall wach, »ihre Seele ist symphonisch gestimmt«. Und wenn ein Mensch ein Lied höre und dabei seufze, erinnere sich seine Seele in diesem Augenblick, daß sie »der himmlischen Harmonie entstammt« und »selbst etwas von dieser Musik in sich hat«. Deshalb nennt sie ihr musikalisches Werk *Symphoniae harmoniae celestium revelationum:* Klang der Harmonie der himmlischen Offenbarungen.

Aus Hildegards Feder stammen ein Singspiel, in dem allein der Teufel nicht singen kann, sondern krächzt, und 77 gregorianische Lieder, die ihren Worten einen »Klangleib« verleihen und sehr individuell geprägt sind. Die Hymnen, Kehrverse und Antwortgesänge werden im Rupertsberger Konvent, aber auch in anderen Klöstern während der Messe oder im Stundengebet gesungen. Selbst in Paris spricht man schon zu ihren Lebzeiten darüber: »Diese Gesänge werden öffentlich in der Kirche vorgetragen. Wer hat je ähnliches von einer Frau gehört.«

Hildegard, der Musik soviel bedeutet hat, muß am Ende ihres Lebens eine wahrhaft teuflische Stille im Rupertsberger Nonnenchor erdulden. Das Mainzer Domkapitel verhängt über ihr Kloster das Interdikt. Dieser Kirchenbann untersagt den Schwestern zu singen, die Glocken zu läuten und die heilige Kommunion zu empfangen. Eine harte Strafe für die greise Äbtissin, die sich weigert, einen Toten auszugraben, der auf ihrem Klosterfriedhof bestattet worden ist. Er war ein wegen eines Verbrechens exkommunizierter Edelmann, der jedoch vor seinem Tod die Sterbesakramente empfangen und bereut hat. Bestätigt durch das »wahre Licht« stellt Hildegard sich mit ihrem ganzen Charisma gegen das offizielle Kirchenrecht, das den Toten weiter als Ausgestoßenen ansieht. Sie verwischt die Umrisse des Grabes und macht es für immer unsichtbar.

Dieser große Konflikt am Ende ihres Lebens läßt Hildegard schwer erkranken, aber er weckt auch noch einmal die Kämpferin in ihr. Nach eineinhalb Jahren schreibt sie ungebeugt an den Mainzer Erzbischof, der in Rom weilt: »Ich erhielt in der Schau meiner Seele … den Auftrag, aus Herz und Mund zu sagen: ›Besser ist es für mich, in die Hände der Menschen zu fallen, als das Gesetz meines Gottes zu verlassen‹.«

Schließlich lenkt der Klerus ein und hebt den Kirchenbann auf. Auf dem Rupertsberg weicht die teuflische Stille himmlischen Gesängen. Dieser letzte Kampf hat Hildegards Kräfte aufgezehrt. Nur ein halbes Jahr später, am 17. September 1179, stirbt die Prophetin mit 81 Jahren. Sie soll ihren Todestag im Kapitelsaal vorausgesagt haben. Dort hat sie sich auch von ihren »Töchtern« gewünscht: »Nimmer gerate meine Stimme unter euch in Vergessenheit«.

Hildegards Stimme ist bis heute nicht verstummt. Sie spricht durch ihre Bücher und vielleicht am unmittelbarsten und sicher am erfolgreichsten durch ihre Musik. Kurz vor der zweiten Jahrtausendwende strömen Menschen in die Pariser Kathedrale Notre-Dame oder in die Berliner Heilig-Kreuz-Kirche, um den »Gesängen der Ekstase« zu lauschen, dargeboten vom Frauenensemble der Mittelaltermusikgruppe *Sequentia*.

Sieben klare Frauenstimmen, manchmal begleitet von einer Drehleier oder Fidel, schwingen sich hinauf, allein oder im Chor. Machen kühne Tonsprünge, überspringen zwei, drei Oktaven und reißen die Decke des Diesseits auf. Denn dort oben ist der Himmel und die Musik »ein Widerhall der himmlischen Harmonie«. Eine Weltenmusik, die in der Unendlichkeit zu versinken scheint, wird zurückgeworfen von den Wänden und endet in einem strahlenden Gloria oder triumphalen Amen. Ergriffen ist das Auditorium von den fast neunhundert Jahre alten Melodien, die ein Hauch Ewigkeit durchweht. In solchen Augenblicken lassen Hildegards Lieder erahnen, was es bedeutet, »mit der Seele zu hören«, und wie die Komponistin Hildegard die Stimme des lebendigen Lichtes mit ihrer Musik zu fassen versucht und von dem singt, was man nicht sagen kann. Nur hören. Nur fühlen.

Quellen:
Äbtissin Edeltraud Forster und der Konvent der Benediktinerinnenabtei St. Hildegard, Eibingen (Hrsg.): *Hildegard von Bingen – Prophetin durch die Zeiten – Zum 900. Geburtstag,* Herder Verlag, Freiburg 1997
daraus:
- Staab, Franz: *Aus Kindheit und Lehrzeit Hildegards – Mit einer Übersetzung der Vita ihrer Lehrerin Jutta* S. 58–86
- Stühlmeyer, Barbara: *Auf der Suche nach der Stimme des lebendigen Geistes – Die Musik Hildegards von Bingen als Sinnbild vollendeter Schöpfung*, S. 334–339

Kerner, Charlotte: *Alle Schönheit des Himmels – Die Lebensgeschichte der Hildegard von Bingen.* 6. Aufl., Verlag Beltz & Gelberg, Weinheim 1997. (Mit ausführlichen Literaturhinweisen zu und über das Werk Hildegards)

Ausgewählte Discographie:
Die Gruppe Sequentia hat auf fünf CDs das musikalische Gesamtwerk Hildegards von Bingen veröffentlicht, und zwar unter den Titeln:

Symphoniae: Geistliche Gesänge
Canticles of Extasy
Voice of the blood
O Jerusalem
Ordo virtutum – Spiel der Kräfte

Alle erschienen bei deutsche harmonia mundi, Freiburg.

Eingebettet in das benediktinische Stundengebet und deshalb vielleicht am authentischsten sind Hildegards Kompositionen auf der Aufnahme:

Hildegard von Bingen (1098–1179):
O Vis Aeternitatis. Vesper in der Abtei St. Hildegard
Schola der Benediktinerinnenabtei St. Hildegard, Eibingen
Leitung: Johannes Berchmans Göschl, Sr. Christiane Rath OSB
Ars Musici, Freiburg

Fritz Bremer

Erhörte Welt – vom Heimweh nach den Stimmen der Götter

Durch alle Wesen reicht der eine Raum,
Weltinnenraum. Die Vögel fliegen still
Durch uns hindurch. Oh der ich wachsen will
Ich seh hinaus – und in mir wächst der Baum.
Rainer Maria Rilke

Am 21. Januar 1912 geschieht etwas Außerordentliches im Leben des Rainer Maria Rilke. Ganz allein hat sich der Dichter in diesem Winter auf das Schloß Duino an der italienischen Adriaküste zurückgezogen. Zwei Jahre zuvor hat er seinen einzigen Roman, »Die Aufzeichnungen des Malte Laurids Brigge«, abgeschlossen. Seither ist er in eine tiefe Schaffenskrise geraten. Rilke ist 36 Jahre alt, ein bekannter und erfolgreicher Schriftsteller, lebt von den Erträgen seiner Bücher und wird unterstützt von Gönnerinnen wie der Fürstin Marie von Thurn und Taxis, der auch das Schloß Duino gehört.

Was ihm fehlt, ist eine Inspiration, eine Idee zu einem neuen Werk. Die Tage in Duino verstreichen äußerlich ereignislos, während Rilke in einen Zustand höchster innerer Anspannung gerät. In einem Brief vom 20. Januar 1912 erwägt er die Möglichkeit, eine neue Form der Hilfe für seelisch Leidende, eine Psychoanalyse, in Anspruch zu nehmen. Doch einen Tag später geschieht etwas, das diese Überlegung in weite Ferne rücken läßt. Die Fürstin Marie Taxis berichtet:

»Er ahnte nichts von dem, was sich in ihm vorbereitete. Wohl machte er in einem Brief eine Anspielung: Die Nachtigall nähere sich ... Hatte er da vielleicht das Kommende gefühlt? Aber die schien von neuem zu schweigen. Eine große Traurigkeit überfiel ihn, er begann zu glauben, daß auch dieser Winter ohne Ergebnis bleiben würde. Da erhielt er eines Tages in der Frühe einen lästigen, geschäftlichen Brief. Er wollte ihn rasch erledigen und mußte sich mit Ziffern und anderen trockenen Dingen abgeben. Draußen blies eine heftige Bora. Aber die Sonne schien, das Meer leuchtete blau, wie mit Silber übersponnen. Rilke stieg zu den Bastionen hinunter, die, vom Meer aus nach Osten und Westen gelegen, durch einen schmalen Weg am Fuße des Schlosses verbunden waren. Die Felsen fallen dort steil, wohl an zweihundert Fuß tief, ins Meer herab.

Rilke ging ganz in Gedanken versunken auf und ab, da die Antwort auf den Brief ihn sehr beschäftigte. Da, auf einmal, mitten in seinem Grübeln, blieb er stehen, plötzlich, denn es war ihm, als ob im Brausen des Sturmes eine Stimme ihm zugerufen hätte: ›Wer, wenn ich schriee, hörte mich denn aus der Engel Ordnungen?‹ Lauschend blieb er stehen: ›Was ist das?‹ flüsterte er halblaut. ›Was ist es, was kommt?‹ Er nahm sein Notizbuch, das er stets mit sich führte, und schrieb diese Worte nieder und gleich dazu noch einige Verse, die sich ohne sein Dazutun formten. Wer kam? Er wußte es jetzt: der Gott. Sehr ruhig stieg er wieder in sein Zimmer hinauf, legte sein Notizbuch beiseite und erledigte den Geschäftsbrief. Am Abend aber war die ganze Elegie niedergeschrieben.«

Mit diesem Ereignis beginnt für Rainer Maria Rilke die Arbeit an den Duineser Elegien, seinem dichterischen Spätwerk, das er 1923 vollenden wird. Den Beginn der ersten Elegie – »Wer, wenn ich schriee, hörte mich denn aus der Engel Ordnungen?« – haben ihm die Stimmen im Sturm zugerufen. Und die wohl bekanntesten Zeilen lauten:

»Stimmen, Stimmen. Höre mein Herz wie sonst nur
Heilige hörten: daß sie der riesige Ruf
aufhob vom Boden; sie aber knieten
Unmöglich, weiter und achtetens nicht:
So waren sie hörend. Nicht, daß du Gottes ertrügest
die Stimme, bei weitem. Aber das Wehende höre,
die ununterbrochene Nachricht, die aus Stille sich bildet.
Es rauscht jetzt von jenen jungen Toten zu dir.«

Durch die Stimmen aus dem Sturm im winterlichen Duino erschließen sich Rilke Quellen der Inspiration, denen er sich bewußt und planmäßig nicht hätte nähern können. Die Botschaft, die ihn mitten ins Herz trifft, scheint einer göttlichen Dimension zu entspringen: »Höre mein Herz wie sonst nur Heilige hören«. Woher aber stammt dieser riesige Ruf, diese »Nachricht, die aus Stille sich bildet«? Und warum berührt sie auch uns, ohne daß wir sie wirklich verstehen?

Ich möchte versuchen, diesen Fragen mit Hilfe einiger Aspekte der Theorie des Psychologen und Anthropologen Julian Jaynes nachzugehen. Sein über fünfhundert Seiten starkes Werk über den »Ursprung des Bewußtseins durch den Zusammenbruch der bikameralen Psyche«, das in den USA eine heftige wissenschaftliche Kontroverse auslöste, ist für viele stimmenhörende Menschen von existentieller Bedeutung. Denn Jaynes verläßt die gängigen und vorurteilsbeladenen Ebenen im Umgang mit Stimmenphänomenen, die entweder psychiatrisch diagnostizierenden oder esoterisch mystifizierenden Sichtweisen, und stellt das Stimmenhören als Form menschlicher Wahrnehmung in einen weiten entwicklungsgeschichtlichen Zusammenhang.

Götterstimmen, Helden, Dichter

Folgen wir der Theorie von Julian Jaynes, so ist Rilke mit dem Stimmenhören *zurückgekehrt* in eine Form der Wahrnehmung, die etwas mehr als dreitausend Jahre zuvor eine übliche Form menschlichen Denkens darstellte. Die Tür, die sich am 21. Januar 1912 für Rainer Maria Rilke öffnete, begann sich in der Entwicklungs- und Kulturgeschichte der Europäer etwa im Jahre 1300 v. Chr. zu verschließen. Das zeigt Jaynes anhand des dichterischen Werkes von Homer, der »Ilias« und der »Odyssee«.

Die verfeindeten Helden Achill und Hektor, die königlichen Frauengestalten Helena, Andromache und Hekabe, und natürlich Kassandra mit ihren unerhörten Warnungen und Prophezeiungen sind die wichtigsten Protagonisten des Dramas, das sich während der insgesamt zehnjährigen Belagerung Trojas entfaltet. Erzählt wird diese Geschichte durch die Ilias, die ihre erste Form in der mündlichen Überlieferung durch fahrende Sänger im Zeitraum um etwa 1230 v. Chr. gewann und in der Zeit um 900 bis 850 v. Chr. zum erstenmal auf Tontafeln festgehalten wurde. Die endgültige Fassung soll von Homer ca. 750 v. Chr. aufgeschrieben worden sein. Das in der Ilias geschilderte Geschehen wird nicht von den Hauptfiguren allein bestimmt. Auf einer eigenständigen, zweiten Handlungsebene streiten und agieren die Götter. Sie versuchen, das Geschehen zu lenken, indem sie den Helden gewissermaßen Regieanweisungen geben: In der Form göttlicher Stimmen, die in gebundener, rhythmisierter, also lyrischer Form sprechen.

Julian Jaynes versteht das Heldenepos als Zeugnis einer Zeit, in der die Menschen eine völlig andere Art des Denkens, des Entscheidens kannten. Diese Art des Denkens und Entscheidens war den Menschen nicht bewußt. Sie nahmen sich selbst nicht als Subjekt, nicht als »Ich« wahr: »Die Menschen der ›Ilias‹ kannten keine Subjektivität wie wir; sie wurden ihres Gewahrseins der Welt nicht gewahr, besaßen keinen inneren Raum, wo sie sich selbst hätten beobachten können. Wollen, Planung und Handlungsanstoß kommen ohne irgendwelches Bewußtsein zustande und werden sodann dem Individuum fix und fertig in seiner vertrauten Sprache ›mitgeteilt‹. Das Individuum gehorcht diesen Stimmen, weil es nicht ›sieht‹, was es von sich aus tun könnte.«

Jaynes bezeichnet die geistige Verfaßtheit, in der Menschen einerseits pragmatisch handeln, ohne darüber nachzudenken, andererseits in komplizierteren Situationen *hören*, was zu tun ist, als »bikamerale Psyche«. Er beschreibt damit einen entwicklungsgeschichtlichen Zustand, in dem »das menschliche Wesen in zwei Teile zerfiel; einen Lenker und Leiter namens Gott und einen Gefolgsmann namens Mensch. Keiner von beiden hatte Bewußtsein. Für uns ist das nahezu unbegreiflich.« Die Ilias, so meint Jaynes, ermöglicht uns einen letzten Blick in die Menschennatur im Zeitalter bis etwa 1300 v. Chr., in der »jeder Mensch der Sklave von Stimmen war, die sich in jeder neuartigen Situation zu hören gaben«.

Doch woher kommen diese Stimmen? Julian Jaynes' Vorstellung von der Hirnhemisphäre, aus der die Stimmen stammen, ist eng verwandt mit der Theorie, die C. G. Jung vom »kollektiven Unbewußten« entwickelt. In diesem Begriff versucht Jung, einen gemeinsamen Fundus an Bildern, Symbolen, archaischem Wissen zu fassen, der auf unser bewußtes Denken und Handeln einwirkt, ohne selbst jederzeit bewußt zu sein. Jung selbst hörte in der Zeit nach dem Zerwürfnis mit Sigmund Freud, in einer Zeit tiefgreifender Unsicherheit und existentieller Ängste, Stimmen, die ihm entscheidend weiterhalfen. Das wesentliche Ergebnis seiner tiefenpsychologischen Arbeit verdichtete er in dem Satz: »Wenn das Bewußte ratlos ist, meldet sich das Unbewußte«.

Stimmen als laut gewordene Wegweiser aus dem Unbewußten wurden, so Julian Jaynes, in der Entwicklung nach 1300 v. Chr. zunehmend unbedeutend. Im zweiten großen Werk Homers, der »Odyssee«, entwickeln sich Grundzüge eines modernen Subjektkonzeptes. Die Menschen sind nicht mehr Sklaven göttlicher Stimmen, sondern treten als bewußt handelnde, verschiedene Argumente und Einflüsse abwägende und dann selbst entscheidende Subjekte auf. »Die Götter haben gegenüber früher nicht mehr soviel zu tun, und gleichsam wie pensionierte Gespenster reden sie jetzt mehr miteinander – und das mit ermüdender Weitschweifigkeit! Die Geschehensinitiative geht ihnen verloren, ja richtet sich oftmals gegen sie und wandert mehr und mehr in die Hände der bewußten menschlichen Akteure.« So siedelt Jaynes zwischen der Entstehung der Ilias und der Niederschrift der Odyssee eine historische Schnittstelle an: Die bikamerale Form des Denkens und Hörens wird abgelöst durch die Entwicklung des Bewußtseins.

Die Möglichkeit, Stimmen zu hören, aber bleibt den Menschen grundsätzlich erhalten. Jaynes zitiert eine Reihe physiologischer Untersuchungen, die zu belegen scheinen, daß es (beim Rechtshänder) in der rechten Hirnhemisphäre den Sprachzentren der linken Hemisphäre vergleichbare Bezirke gibt, die beim heutigen Menschen keine unmittelbar ersichtlichen Funktionen haben, die sozusagen stumm sind, deren Reizung aber das Stimmenhören hervorruft. In diesen Bezirken des Gehirns erkennt er die physiologische Grundlage des Stimmenphänomens.

Aus den drei Jahrtausenden seit den Zeiten der Ilias gibt es zahlreiche Berichte über Stimmenerlebnisse. Oft werden die Stimmen von den Menschen, die sie hören, unmittelbar als göttliche Offenbarungen mit entscheidungs- und erkenntnisleitender Bedeutung aufgefaßt – und zugleich angezweifelt. Der biblische Hirtenjunge Samuel, die Äbtissin Hildegard von Bingen oder die Nationalheldin Johanna von Orleans verlassen sich nicht darauf, daß die Stimmen tatsächlich direkt vom Himmel geschickt wurden. Sie befragen menschliche Autoritäten, fordern zusätzliche »Beweise«, brauchen Interpretationshilfen, um die göttliche Offenbarung als solche annehmen zu können. Und oft steht, wie im Falle Hildegard von Bingens, die Botschaft der göttlichen Stimmen im Gegensatz zu den von Menschen gemachten Normen und Gesetzen.

Im Zeitalter der wissenschaftlich-technischen Revolution verschwindet der Einfluß der himmlischen Sendboten scheinbar vollständig. Der Mensch als bewußt handelnder, rational entscheidender Herr seines eigenen Schicksales wird von höheren Mächten angeblich unabhängig. Die Entfaltung des Kapitalismus, die Entwicklung der bürgerlichen Gesellschaft und die Einführung neuer Verkehrsmittel und Kommunikationstechniken läßt jeden einzelnen Menschen als autonomen, einzig der Vernunft und seinen eigenen Wünschen gehorchenden Autor seiner eigenen Lebensgeschichte erscheinen. Das menschliche Seelenleben – der subjektive Innenraum, in dem sich nun alle Entscheidungen, Erkenntnisse und normativen Vorstellungen bilden müssen – erfährt um die Jahrhundertwende eine ganz neue Aufmerksamkeit und Interpretation, unter anderem durch die Psychoanalyse Sigmund Freuds. In diese Zeit hinein wird Rainer Maria Rilke geboren.

Stimmen aus dem Weltinnenraum – Rilkes Elegien

Rainer Maria Rilke kam am 4. Dezember 1875 in Prag zur Welt. Er lebte insgesamt so, als ginge es um die Gestaltung des Lebens als Kunstwerk. Sein Verhältnis zu den Dingen der Natur, zu Orten, zu Häusern, zu Menschen, sein Alltag – sofern er je über längere Zeit Alltag zuließ –, seine Lieben: alles durchlebte er an äußersten Erfahrungspunkten und in innerster Genauigkeit. Alles Erlebte unterlag ständiger Befragung – im Kern die Frage, ob das Gesehene, ob seine Wahrnehmung möglich sei, welche Welt sich dahinter verberge oder eröffne? Rilke war in seiner Wahrnehmung, in seiner Lebensweise und in seiner künstlerischen Sprachgestaltung auf der Suche nach Möglichkeiten der Grenzüberschreitung. »Innen« und »außen«, »Person« und »Welt«, »Subjekt« und »Objekt« – diese scheinbar klaren Begriffspaare rationalistischen Denkens hatten in ihm und seinem Werk keinen Bestand. Er war in seiner Zeit auf seine besondere Weise vielleicht der radikalste sowohl Ausgestalter als auch Kritiker des modernen Subjektbewußtseins.

Eine langjährige tiefe Freundschaft verband ihn mit der Freud-Schülerin, Analytikerin und Autorin Lou Andreas-Salomé. Viele Briefe bezeugen, daß sie für Rilke sowohl erste große Liebe als auch bedeutende, vertrauensvolle Freundin wurde. Mit ihr unternahm der Dichter zwei lange Reisen durch Rußland, in deren Verlauf sie unter anderem den Grafen Nikolai Tolstoj besuchten. Diese Begegnung wirkte in Rilkes Leben lange nach. Auf Einladung des Malers Heinrich Vogeler reiste Rilke 1900 nach Worpswede und lernte in der aufblühenden, bewegten Künstlerkolonie Paula Becker, Otto Modersohn und auch Clara Westhoff kennen, die er 1901 heiratete. Im Dezember desselben Jahres wurde die Tochter Ruth geboren. Schon 1902 verließ Rilke seine kleine Familie, um nach Paris überzusiedeln. Der französische Bildhauer Auguste Rodin, über dessen Arbeit Rilke schrieb, hatte großen Einfluß auf seine künstlerische Entwicklung.

Rilke war beständig unterwegs. Er lebte zwischen München, Wien, Berlin, Paris, Muzot im Rhônetal, Venedig, Duino bei Triest, Toledo, Capri und so fort. Beständig war er auf der Suche, vielleicht nach einer Heimat, sicher aber nach angenehmen, störungsfreien Schreiborten. Er lebte in einer kultivierten, permanenten Ausnahmesituation, teils äußerst egozentrisch, teils mit anderen und anderem fühlend bis zur Unerträglichkeit, ganz der leidenschaftlichen

Suche nach sprachlichem, poetischem Ausdruck der Naturdinge, der feinsten Wahrnehmungen, der Innenwelt, des »Weltinnenraums« hingegeben. Äußerst verletzlich litt und wuchs er an allem, das ihm begegnete.

Am Anfang des Jahres 1910 hatte er die Arbeit an seinem Roman »Die Aufzeichnungen des Malte Laurids Brigge« abgeschlossen. Dieses Werk, das ihm äußerste Anstrengungen abverlangt hatte, sollte zu einer Durchbruchleistung der modernen Literatur gezählt werden. »Dies Buch ist ein früher, beispielhafter Versuch, Fragen zu stellen und zu beantworten, die später bei den Autoren der Existenzphilosophie wiederkehren werden, vor allem die Frage: ›Dies, wie ist es möglich, zu leben, wenn doch die Elemente dieses Lebens uns völlig unfaßlich sind?‹«, schreibt der Literaturwissenschaftler Hans Egon Holthusen.

Rilke fragte auf eine neue Weise und radikal nach den Möglichkeiten und Gefahren der Loslösung aus allen Bezügen der Tradition, nach den Grenzen der Einsamkeit und der Angst. Rilke läßt Malte Laurids Brigge notieren: »Wenn meine Furcht nicht so groß wäre, so würde ich mich damit trösten, daß es nicht unmöglich ist, alles anders zu sehen und doch zu leben. Aber ich fürchte mich. Ich würde so gern unter den Bedeutungen bleiben, die mir lieb geworden sind. Noch eine Weile kann ich das alles aufschreiben und sagen. Aber es wird ein Tag kommen, da meine Hand weit von mir sein wird, und wenn ich sie schreiben heißen werde, wird sie Worte schreiben, die ich nicht meine. Die Zeit der anderen Auslegung wird anbrechen, und es wird kein Wort auf dem anderen bleiben und jeder Sinn wird wie Wolken sich aufklären und wie Wasser niedergehen.«

Was läßt Rilke hier im Kopf, im Leben seines Malte geschehen? Es geht um die Auflösung der Grenzen der Rationalität, von Kommunikation, von Subjektivität, um eine Zuspitzung des subjektiven Sinns, eine Steigerung der Subjektivität des Bewußtseins. Und es geht um die Angst vor dieser Auflösung, der Zuspitzung und Steigerung. Lange vor André Breton und dem Surrealismus hat Rilke hier eine Vorstellung davon, wie in der Auflösung etwas Übersubjektives hervortritt und die Hand Worte schreiben wird, »die ich nicht meine«, eine Vorstellung vom »automatischen Schreiben«, wie es von Breton propagiert werden sollte.

Rilkes »Malte« ist tatsächlich sehr früh ein sehr moderner Roman, modern vor allem in seiner Auseinandersetzung mit Subjektivität, Grenzüberschreitung und Angst. Mit der Auflösung personaler, gedanklicher, sprachlicher Vertrautheit, die von Malte erahnt und erlebt wird, beschreibt er zugleich einen Zustand am Rande einer Psychose. In einem Brief vom 28. Dezember 1911, fast zwei Jahre nach dem Ende der Arbeit, schreibt Rilke an Lou Andreas-Salomé:

»Aber niemand als Du, liebe Lou, kann unterscheiden und nachweisen, ob und wieweit er (Malte) mir ähnlich sieht. Ob er, der ja zum Teil aus meinen Gefahren gemacht ist, darin untergeht, gewissermaßen um mir den Untergang zu ersparen, oder ob ich erst recht mit diesen Aufzeichnungen in die Strömung geraten bin, die mich wegreißt und hinübertreibt. Kannst Du's begreifen, daß ich hinter diesem Buch recht wie ein Überlebender zurückgeblieben bin, im Innersten ratlos, unbeschäftigt, nicht mehr zu beschäftigen? Kaum scheint mir ein Ding neu, so entdecke ich auch schon den Bruch daran. Vielleicht hätt' ich ganz weit wegspringen müssen davon im Moment, da es fertig war.«

Drei Wochen später, am 20. Januar 1912, allein auf Schloß Duino, denkt Rilke offensichtlich über Therapie, über Hilfe nach. An Lou Andreas-Salomé schreibt er: »Du begreifst, daß der Gedanke, eine Analyse durchzumachen, mir ab und zu aufsteigt; zwar ist mir, was ich von Freuds Schriften kenne, unsympathisch und stellenweise haarsträubend. Was mich nun betrifft, so schrieb ich Dir schon, daß ich, gefühlsmäßig, dieses Aufgeräumtwerden eher scheue. Etwas wie eine desinfizierte Seele kommt dabei heraus, ein Unding, ein lebendiges, rothkorrigiert, wie die Seite in einem Schulheft. Und doch: liebe Lou, so wie's mit mir steht, hab ich kaum das Recht, eine Hülfe, die nun einmal da ist und sich bereit hält, auf Gefühle hin zu verdächtigen. Bestehen bleibt die Tatsache, daß ich mir rein körperlich recht unerträglich bin, gewisse schlechte Gewohnheiten, durch die man früher immer wieder durchgriff wie durch schlechte Luft, verdichten sich mehr, und ich kann mir denken, daß sie mich eines Tages einschließen wie Wände. Ich schäme mich, einzugestehen, wie sehr mich oft wochenlang dieser verhängnisvolle Cirkel umtanzt, in dem ein Elend dem anderen jeden Gefallen thut.«

Er beschreibt seine literarische Arbeit als eine »Art Selbstbehandlung« von Anfang an und fährt fort: »Allerdings in demselben Maaße als sie (die Arbeit) sich entwickelte und etwas Selbständiges wurde, verliert sie immer mehr das Therapeutische und Rücksichtsvolle und stellt Forderungen; eine Suche, die darauf angewiesen ist, sich in den immensen Übertreibungen der Kunst zu harmonisieren, müßte auf einen Körper rechnen dürfen, der ihr nichts nachäfft und präzise ist und sich nirgends übertreibt. Mein Körperliches läuft Gefahr, die Karikatur meiner Geistigkeit zu werden.«

Beim Lesen dieser Briefpassagen wurde mir Rilkes und unsere Subjektivitätszwickmühle klar wie selten: In der Entfaltung der Lebensgeschichte, die eine eigene ist, nur auf sich gestellt; die neurotischen und psychosomatischen Leiden sehr genau und schamvoll bemerkend; wissend, daß sowohl Schöpferisches als auch Therapeutisches helfen könnten; auch wissend, daß diese beiden schnell gegeneinander ausgespielt sind; nun sich selbst distanzierend, ironisierend, den eigenen Körper, den Kunstimpuls, den Therapieimpuls nur mehr als Karikatur wahrnehmend – also ratlos in der Subjektfalle angewiesen auf alles, verbunden mit nichts. Was Rilke seiner großen Freundin Lou hier aufschreibt, ist Zeugnis einer äußerst durchlittenen und äußerst durchdachten Auseinandersetzung mit der modernen Verfassung subjektiven Bewußtseins. Zugleich lebte Rilke in diesen Tagen in der Erwartung des einen großen Werkes, seiner weiteren literarischen Vollendung. Unter anderem dieser Erwartung wegen hatte er sich auf das Schloß Duino zurückgezogen.

Der 21. Januar 1912 wird zum Tag der Entstehung und Niederschrift der 1. Duineser Elegie. Die hohe Anspannung, die hochfliegenden Erwartungen Rilkes, der Wunsch nach weiterer Vollendung seiner Kunst, die Leiden, der Therapieimpuls – alles spiegelt sich wider in einer Stimme im Sturm: »Wer, wenn ich schriee, hörte mich denn aus der Engel Ordnungen?« Das Gehörte wird zum Anfang der 1. Elegie. In diesem begrifflich angedeuteten inneren Zusammenhang, der sich im Stimmenhören zuspitzt, schreibt Rilke einen außerordentlichen Text: raunend Dunkles, klar und direkt Ausgesprochenes, naturreligiös Erahntes, Alltägliches, ozeanisch Weites. Diese Mischung ergibt ein mystisch anmutendes Sprachgebilde.

Aus den Duineser Elegien

»... Ach, wen vermögen
wir denn zu brauchen? Engel nicht, Menschen nicht,
und die findigen Tiere merken es schon,
daß wir nicht sehr verläßlich zu Haus sind
in der gedeuteten Welt. Es bleibt uns vielleicht
irgendein Baum an dem Abhang, daß wir ihn täglich
wiedersähen; es bleibt uns die Straße von gestern
und das verzogene Treusein einer Gewohnheit
der es bei uns gefiel ...
... Warst du nicht immer
noch von Erwartung zerstreut, als kündigte alles,

eine Geliebte dir an? (Wo willst du sie bergen,
da doch die großen, fremden Gedanken bei dir
aus und ein gehen und öfter bleiben bei Nacht.)
...
Stimmen, Stimmen. Höre mein Herz wie sonst nur
Heilige hörten: daß sie der riesige Ruf
aufhob vom Boden; sie aber knieten
Unmöglich, weiter und achtetens nicht:
So waren sie hörend. Nicht, daß du Gottes ertrügest
die Stimme, bei weitem. Aber das Wehende höre,
die ununterbrochene Nachricht, die aus Stille sich bildet.
Es rauscht jetzt von jenen jungen Toten zu dir.
...
Und das Totsein ist mühsam
und voller Nachholn, daß man allmählich ein wenig
Ewigkeit spürt. – Aber Lebendige machen
alle den Fehler, daß sie zu stark unterscheiden.
Engel (sagt man) wüßten oft nicht, ob sie unter
Lebenden gehn oder Toten. Die ewige Strömung
reißt durch beide Bereiche alle Alter
immer mit sich und übertönt sie in beiden ...«

Am 24. Januar 1912 erklärt Rilke Lou Andreas-Salomé seine Entscheidung gegen eine psychoanalytische Behandlung: »Ich weiß jetzt, daß die Analyse für mich nur Sinn hätte, wenn der merkwürdige Hintergedanke, nicht mehr zu schreiben, mir wirklich ernst wäre. Dann dürfte man sich die Teufel austreiben lassen, da sie ja im Bürgerlichen wirklich nur störend und peinlich sind, und gehen die Engel möglicherweise mit aus, so müßte man auch das als Vereinfachung auffassen und sich sagen, daß sie ja in einem neuen nächsten Beruf (welchem?) sicher nicht in Verwendung kämen.«

Am selben Tag teilt er auch dem Psychotherapeuten Emil Freiherr von Gebsattel, zu dem er bereits Kontakt aufgenommen hatte, mit, er habe sich gegen eine Behandlung entschieden. Ende Januar, Anfang Februar 1912 schreibt Rilke die zweite Elegie. Zur selben Zeit beginnt er die dritte Elegie und den Text, der später zur zehnten Elegie wird. Ende Februar, Anfang März findet er den Auftakt zur sechsten Elegie und im März den zur neunten. Holthusen hält es für gesichert, daß auch die Anfänge und weitere Bruchstücke dieser Texte ihren Ursprung in Stimmeneingebungen haben.

Rilke erlebt in diesen Wochen des Jahres 1912 die Verbindung zu einer bedeutungstiftenden Ebene, die ihm völlig neue Wahrnehmungs-, Denk- und Sprachhorizonte eröffnet. Seine Vorstellung und Sprache bevölkert diese Ebene mit »Engeln« und »jungen Toten« – mit Wesen, zu denen er spricht und die zu ihm sprechen. Er findet einen neuen, schicksalhaft erlebten Zugang zum Schöpferischen und zum »Weltinnenraum«, was bei ihm vor allem bedeutet: ein weiteres tiefes Verstehen aller Dinge, die durch seine Sinne und Nerven gehen.

Die Elegien zeigen ein sich verstärkendes Bemühen um grenzauflösendes Sprechen, zeigen Rilkes Arbeit daran, die Möglichkeiten der Sprache zu weiten, in eine direkte Verbindung zum Beschriebenen zu gelangen, sprachlich im Beschriebenen selbst zu sein. Obwohl seine Sprache genau und durchgearbeitet ist, verlassen diese Texte den Rahmen der vernunftgemäßen Nachvollziehbarkeit. Der Hintergrund dieses Sprechens ist das Erlebnis der Eingebung, der Mitteilung außerhalb erklärbarer Schranken des Verstandes. Das Ziel ist es, zu einer Sprache der unmittelbaren Verbindung von Naturerscheinung, Emotion und Geist zu finden.

Was Rilke suchte, ist nicht nur eine alles umfassende Seelenverbindung, auf die Spitze getriebene grenzenlose Subjektivität, ist vielmehr Entgrenzung des modernen Subjekts im Naturerleben, im Natur-Engel-Erleben, in symbolisierender Spracharbeit. Gleichzeitig geschieht es ihm, daß er sich zu Lebzeiten als Abgeschiedener sieht, als einer, der aus der alltäglichen menschlichen Verständigung herausfällt.

Unerträgliche Stille – vom Schweigen der Musen

Die Erlebnisse Rainer Maria Rilkes in Duino und das, was uns in den Duineser Elegien spürbar wird, bleibt letztlich unerklärlich. In diesem Unerklärlichen, meint Julian Jaynes, formuliert sich eine Sehnsucht, die unser rationaler Verstand nicht stillen kann.

»Denn allem zum Trotz, was rationalistisch-materialistische Wissenschaft seit der wissenschaftlichen Revolution als Konsequenz ihrer Entdeckungen ausgibt, hat die Menschheit als ganze niemals aufgehört, fasziniert zu sein von irgendeinem Verhältnis zwischen dem Menschen und einem ›Umgreifenden‹ und ›ganz Anderen‹ voller Kräfte und Einsichten, zu einer zwangsläufig unbegreiflich dunklen Wesenheit, der man sich nicht in der Atmosphäre klarer Begriffsbildung nähert, sondern mit der man ehrfurchtsvoll staunend und namenlos ergriffen kommuniziert, einer Wesenheit, die sich für den modernen Gläubigen in Gefühlswahrheiten mitteilt, so daß sie in unserer Zeit um so wahrhaftiger erlebt wird, je weniger sie in Worte zu fassen ist«, schreibt Jaynes zu Beginn seines Kapitels über die »Relikte der bikameralen Psyche«.

Die göttlichen Stimmen sind für uns verstummt. Die Fähigkeit des Stimmenhörens wurde durch die Entwicklung des Bewußtseins überlagert. Sie degenerierte. Kulturkritisch betrachtet ist das Stimmenhören ein Phänomen, das wir in unserer kultur- und bewußtseinsgeschichtlichen Entwicklung unter der späteren Vorherrschaft des »Ich-denke-also-bin-ich« in Verruf gebracht haben. Rationalistisches Weltverstehen mußte diese Wahrnehmungsweise diffamieren, weil ihm selbst die Angst vor Unerklärlichem, vor ganz anderem eigen ist. In der Zeit des subjektiven Bewußtseins, der Steuerung des Handelns durch Denken, hat das Stimmenhören seine Bedeutung als handlungsleitende, entscheidungsfördernde Einrede der Götter verloren. Es ist in der Epoche des Denkens ein abgeschiedenes Phänomen.

Menschen, die es heute erleben, sind damit weitgehend allein. Es gibt keinen kulturellen Kontext für diese besondere Wahrnehmungsweise. Bekannt ist sie heute vor allem noch als Symptom psychischer Erkrankungen.

Oder sollten wir einen Zusammenhang zwischen dem archaischen Stimmenhören und dem globalen, technisch hergestellten Stimmenhören, das nicht für verrückt, vielmehr für vernünftig, notwendig und profitabel gehalten wird, erkennen können? Satellitentelefon ausrichten, Vorwahl des Satelliten, in aller Welt erreichbar – »und er hörte eine mächtige Stimme«.

Überall werden Stimmen gehört, und zwar nicht die eigenen laut gewordenen Gedanken, nein, Stimmen anderer Wesen, die über den Satelliten herabsteigen in unser Ohr. Ein unstillbares Bedürfnis nach einem endlosen Stimmengerede, nach grenzenloser Einrede? Ein weltumspannendes, informationsgeladenes Geschwirr von Frequenzen. Technische Reproduktion einer uralten Fähigkeit? Das technisch hergestellte Stimmengewirr könnte auch auf die unbewußte Absicht deuten, die Stille abzustellen, die ganz andere Wahrnehmungen hervorbringen könnte.

Die Stimmen, so wie Rilke sie hörte, vertieften sein religiöses und ästhetisches Verstehen der Welt und öffneten neue Wege sprachlicher und künstlerischer Arbeit. Warum, fragt Julian Jaynes, »leuchten uns aus Gedichten allerorten scheinbar unbekannte Ideen und Gedanken wie altvertraute Erinnerungsbilder entgegen – warum dringen die Verse auf ungewissen Wegen zu einem Etwas in uns vor, das weiß und immer schon gewußt hat, einem Etwas, das, wie ich meine, älter ist als die derzeitige Organisation unserer Natur?«

Er gibt eine Antwort, die unser heutiges Denken provoziert. »Die ersten Dichter waren die Götter. Die Poesie begann mit der bikameralen Psyche. Die Gottkomponente unserer Altmentalität sprach – zumindest während einer bestimmten Epoche – im Regelfall möglicherweise aber auch ausnahmslos in Versen. Das bedeutet, daß während einer bestimmten historischen Zeitspanne der größte Teil der Menschheit den lieben langen Tag lang ›Lyrik‹ hörte, die in der Psyche jedes einzelnen gedichtet und vorgetragen wurde.«

Indem der Mensch Herr über sein eigenes Denken und Handeln wurde, verlor er den Zugang zu dieser poetischen, kosmischen und kollektiven Dimension seines Wissens und Wahrnehmens: »Die kreisenden Gezeiten eines irreversiblen Naturalismus haben die Musen noch weiter hinausgespült in die Nacht der rechten Hemisphäre. Wir glauben nicht genug. Der kognitive Imperativ löst sich auf. Die Geschichte verschließt mit ihrem Finger sorgsam die Lippen der Musen. Die bikamerale Psyche – stumm.«

Und doch gibt es Stimmen, die zu uns sprechen. Zum Beispiel die einiger Dichter. »Und noch heute wirkt große Dichtung auf ihr Publikum mit jener Qualität des ganz Anderen, jener Ausdrucksweise und Botschaft, jener Tröstlichkeit und Begeisterung, durch die sich einstmals unser Verhältnis zu den Göttern definierte«, schreibt Julian Jaynes.

»Höre mein Herz, wie sonst nur Heilige hören« – mit den Duineser Elegien wurde Rainer Maria Rilke zu einem der Dichter, die das Heimweh des modernen Menschen nach den unmittelbaren Gewißheiten der Zeit vor der Entstehung des Bewußtseins zum Ausdruck brachten.

Quellen:

Fülleborn, Ulrich/Engel, Manfred (Hrsg.): *Materialien zu R. M. Rilkes Duineser Elegien«*, Band 1, Selbstzeugnisse, Suhrkamp Verlag, Frankfurt a. M. 1980

Holthusen, Hans Egon: *Rilke*. Rowohlt Verlag, Hamburg 1975

Jaynes, Julian: *Der Ursprung des Bewußtseins durch den Zusammenbruch der bikameralen Psyche*. Rowohlt Verlag, Hamburg 1993

Jung, C. G.: *Bewußtes und Unbewußtes*. Fischer Taschenbuch, Frankfurt a.M. 1972

Rilke, Rainer Maria: *Werke, Band 2*, Gedichte 1910–1926, Hrsg. Engel, Ulrich/Fülleborn, Manfred, Insel Verlag, Frankfurt a. M. und Leipzig 1996

Ders.: *Werke, Band 4*, kommentierte Ausgabe. Hrsg. Engel, Ulrich, u. a., Insel Verlag, Frankfurt a. M. und Leipzig 1996

Ders.: *Duineser Elegien*. Die Sonette von Orpheus. Insel-Verlag, Frankfurt 1923

Ders.: *Die Aufzeichnungen des Malte Laurids Brigge*. Suhrkamp Verlag, Frankfurt a. M. 1977

Zwischen Traumzeit und Trauma: Quälgeister, Besessenheit, Spaltungen

Irene Stratenwerth

Die Geister, die ich rief – vom Spuk im eigenen Kopf

Margret und Kathy Fox waren gerade mal sieben und zehn Jahre alt, als sie eine folgenschwere Entdeckung machten: Sie stellten fest, daß sie sich per Klopfzeichen mit einem Geist unterhalten konnten, der offenbar in ihrem Elternhaus herumspukte. Später fand sich im Keller des Hauses tatsächlich ein Skelett. Die traurige Geschichte, die die Mädchen von dem ruhelosen Geist erfahren hatten, schien sich damit zu bestätigen.

Dieser Fall, der sich 1848 in Hydesville, USA, zugetragen hat, wurde zum Auslöser einer regelrechten Massenbewegung. Bald trafen sich Millionen von Amerikanern im privaten Kreis zu spiritistischen Sitzungen, in denen sie per Klopfzeichen, Gläschenrücken und automatischem Schreiben* Kontakt zur Geisterwelt suchten.

Der Spiritismus faszinierte in den folgenden Jahrzehnten Menschen aller Gesellschaftsschichten in der Alten und Neuen Welt. Conan Doyle etwa, der Schöpfer von Sherlock Holmes, war ein begeisterter Spiritist. Und Thomas Mann nahm an Séancen teil, in denen Geister herbeigerufen wurden, um Tische zu rücken und Taschentücher zum Schweben zu bringen.

* Eine einzelne Person oder eine ganze Gruppe »schreibt« durch das Rücken eines Gegenstandes auf einer Buchstabentabelle oder per direkter Handschrift, was ein herbeigerufener Geist ihnen »eingibt«.

Okkulte Techniken erleben heute einen neuen Boom. Versuche, per Klopfzeichen, Gläserrücken und »automatischem Schreiben« Kontakte zur Geisterwelt aufzunehmen, sind unter Jugendlichen weit verbreitet. Jugendzeitschriften wie »Bravo« verbreiten die dazu notwendigen Rezepte, in manchen Jugendsekten gehören okkulte Experimente zu den Einstiegsritualen. Seit den sechziger Jahren entwickelte sich das Einfangen sogenannter Tonbandstimmen zu den verbreiteten okkulten Techniken für den Hausgebrauch.

Auf zahlungskräftigere Kundschaft wartet der boomende Esoterik-Markt mit seinem ständig wachsenden Angebot unterschiedlichster »Geisterbeschwörungs«-Techniken: Produkte, Kurse und Dienstleistungen zur Kontaktaufnahme mit anderen Welten werden per Kleinanzeige in einschlägigen Magazinen angeboten. Hellsehen, Rückführung in frühere Leben oder Hilfen zum »Channelling« darf bislang jeder verkaufen, der sich dazu berufen fühlt. »Botschaften von Verstorbenen für Anwesende« bieten ganze Legionen selbsternannter Medien und Hellseher auf Esoterik-Messen und »Kongressen«, die vor allem als Verkaufsveranstaltungen dienen.

Das Phänomen »Stimmen« und die unterschiedlichen Formen gewollter und ungewollter Medialität sind an verschiedenen Punkten und auf unterschiedliche Weise miteinander verknüpft. Viele Menschen, die Stimmen hören, erzählen erstaunliche Geschichten über »hellseherische«, mediale Fähigkeiten. Die Stimmen vermitteln ihnen außerdem den Eindruck, manchmal auch die Überzeugung, mit einer anderen Welt zu kommunizieren, mit Wesen, die einen eigenen Charakter und Willen besitzen.

Stimmen verfügen mitunter über verblüffende Kenntnisse, von denen die Stimmenhörer Stein und Bein schwören: »Das konnte ich nicht wissen und so schon gar nicht denken!« Manche Stimmen können, was ihr »Gastgeber« bewußt ganz bestimmt nicht könnte: einen Fahrplan auswendig lernen, unentwegt in Reimen sprechen, sich perfekt in einer Fremdsprache ausdrücken, die Identität eines Menschen in einem anderen Jahrhundert annehmen.

Andererseits erleben nicht wenige Menschen, die mit okkulten Techniken experimentieren, daß der Flirt mit dem Jenseits irgendwann in bitteren Ernst umschlägt. Techniken wie Gläserrücken und Tonbandstimmenhören scheinen oft eine eigentümliche Sogwirkung zu entfalten, Wege zu »übersinnlichen« Wahrnehmungen zu bahnen, die alles andere als freiwillig sind und oft in Form von Stimmen laut werden. »Wenn es dann schließlich so weit kommt, daß man wegen jeder Winzigkeit das Gläschen befragen muß, dann kann es passieren, daß das Phänomen generalisiert, das heißt, daß man die Stimmen direkt hören kann.

Dies ist vor allem bei den ›Tonbandstimmen-Fängern‹ der Fall. Es passiert sehr häufig, daß die Betroffenen gar kein Tonband mehr brauchen, sondern ihre Geisterbotschaften direkt hören. Manche beginnen dann auch, Geister zu sehen und fühlen sich schließlich sogar von Geistern angefaßt. Dies wird dann allerdings nicht mehr als erbaulich, sondern als ungeheuer störend erlebt.«

So beschreiben Walter von Lucadou und Manfred Poser die Erfahrungen von Ratsuchenden, die sich in der »parapsychologischen Beratungsstelle« in Freiburg/Breisgau melden, weil ihnen ihre Geisterkontakte über den Kopf gewachsen sind (siehe Interview mit Lucadou). Bei Psychotherapeuten und Ärzten fragen die Betroffenen meist vergeblich um Rat – nur wenige kennen sich mit den psychischen Störungen aus, die durch okkulte Experimente oder Psychokulte ausgelöst werden können.

Das meiste, was spiritistische Zirkel und selbsternannte Medien hervorbringen, bewegt sich im Spektrum zwischen unfreiwillig komisch und unseriöser Geschäftemacherei. Doch wäre der Flirt mit der Geisterwelt nicht so attraktiv, wenn die Teilnehmer dabei nicht tatsächlich »etwas« wahrnähmen: Energien, Gefühle und auch »Botschaften«, die ihnen auf normalem Wege nicht zugänglich sind. Gewollte Geisterkontakte und unwillkürlich auftretende Stimmen sind also möglicherweise verschiedene Facetten einer noch wenig erforschten und verstandenen Dimension menschlicher Bewußtseinstätigkeit. Oder aber: einer normalerweise unbewußten, geistigen Realität, in der wir alle leben.

Der Zugang zu dieser geistigen Dimension kann eine Quelle von Inspiration und ungeheurer Kreativität sein, wie am Beispiel Hildegard von Bingens oder Rainer Maria Rilkes an anderer Stelle in diesem Buch erzählt wird. Sie kann aber auch ein destruktives, absurdes, von außen betrachtet geradezu lächerliches Eigenleben entfalten und Menschen im wahrsten Sinne des Wortes »verrückt« machen.

Wie sich aus einer »medialen Begabung« eine zerstörerische »Besessenheit« durch Stimmen entwickelte, erzählt die Geschichte der Carola Cutumo (Pseudonym), niedergelegt in einem fast zweihundertseitigen Bericht für die »Flensburger Hefte«. Der minutiöse Rapport über ihre Verstrickung in eine rätselhafte und absurde Geisterwelt ist das Protokoll eines Soges, der rasch zur Sucht wird. Carola Cutumo droht zeitweise im wahrsten Sinne des Wortes verrückt zu werden und körperlich schwer krank. Ihre Ehe, ihr Beruf, ihr soziales Umfeld, ihr ganzes Leben gerät in höchste Gefahr.

Das Protokoll der Carola Cutumo

Carola Cutumo wird 1946 geboren. Ihre Kindheit ist geprägt durch die Nachkriegswirren: Flucht, Lagerleben, den frühen Tod des Vaters, eine Mutter, die selbst auf der Suche nach ihrem Platz in der Welt ist. Das kleine Mädchen, das kaum andere Kinder kennt, schafft sich zum Zeitvertreib eingebildete Spielkameraden, »erfindet« für sich selbst eine zweite Identität durch einen jüdischen Namen. Eine wichtige Bezugsperson ist die Großmutter, die dem Kind viel von ihren medialen Fähigkeiten und Vorausahnungen erzählt. Mehrmals erlebt sie in ihrer Kindheit und Jugend, wie sich Informationen über den Tod eines nahen Angehörigen, die ihre Großmutter per Telepathie erreicht haben, bewahrheiten.

In der frühen Pubertät hat sie selbst paranormale Erlebnisse, sieht etwa einen alten Mann auf einer Gartenbank sitzen, der sich beim Ansprechen auflöst. Immer wieder erlebt sie auch als Erwachsene »merkwürdige« Dinge: Sie kommt an Orte und ist überzeugt: »Hier bin ich in einem früheren Leben schon mal gewesen«. Eines Nachts begegnet ihr die Geistererscheinung des von ihr verehrten Elvis Presley. Sie erlebt, wie ihr Geist ihren Körper verläßt und mit Elvis Presley auf Zeitreise nach Amerika geht. Als sie wieder zu sich kommt, ist sie überzeugt, daß dies mehr als ein Traum war.

Mit solchen Erfahrungen kann Carola Cutumo leben. Eine dramatische Wendung nimmt ihr Leben erst, als sie zusammen mit ihrem Mann und Freunden den Spiritismus entdeckt. Im Laufe mehrerer Séancen, bei denen Äußerungen von Geistern per Tischrücken und automatischem Schreiben bei den Teilnehmern »ankommen«, entfaltet sich eine groteske Szenerie, die Carola Cutumo, anders als die anderen Teilnehmer der Runde, vollständig in ihren Bann zieht. Bald versucht sie bei jeder Gelegenheit und auch allein, per »automatischem Schreiben« Kontakt zu diesen Geistern aufzunehmen.

Zum Beispiel zu »Dieter«, einem ehemaligen Freund, der sie meist mit Gehässigkeiten, Drohungen und Banalitäten schikaniert. Selten gelingt es ihr hingegen, »Vater Wolfgang« zu sprechen, einen weisen Berater, dessen Aussagen für sie absolute Autorität haben. Auch wenn sie kaum überirdische Weisheit zum Ausdruck bringen: »Vater Wolfgang trug mir auf, das Rauchen einzustellen, ferner sämtlichen Genußmitteln zu entsagen – höchstens in Ausnahmefällen welche zu mir zu nehmen –, keine Cola mehr zu trinken etc. Nach dieser Bewährungsprobe wolle er sein Urteil fällen.«

»Dieters« Aussagen wirken vor allem wirr: »Oftmals betonte er, die Lebenden zu hassen; dann wieder beteuerte er, daß es nun soweit sei, sie nicht mehr zu hassen, da er nun allmählich die Vorteile der Körperlosigkeit kenne; so könne er zum Beispiel jederzeit Fußballspiele sehen, egal, wo sie stattfinden.« Etwas zerknirscht resümiert Carola Cutumo: »Aus heutiger Sicht ist es für mich unbegreiflich, weshalb ich für diese bedeutungslosen, mich langweilenden ›Gespräche‹ soviel Zeit investierte; aber seinerzeit wollte ich noch nicht einmal diese missen.«

Und so verstrickt sie sich immer weiter in die Aussagen der Geister über ihre angeblichen, früheren Existenzen, über Schuld, Tod und Unglück, das in ihrer unmittelbaren Nähe drohe. Dann beginnen sich die Geister selbständig zu machen, melden sich nicht mehr nur beim automatischen Schreiben, sondern, auf dem Höhepunkt einer ersten Krise, auch als Stimmen. »Im Schlafzimmer hörte ich eine herrische Stimme zu mir sagen: ›Gehe sofort runter und warte weitere Instruktionen von mir ab! Dein Vater Wolfgang‹.«

Nun scheint eine regelrechte Treibjagd auf die Seele der bis dahin aktiven und erfolgreichen Frau zu beginnen. Innerhalb weniger Wochen steht sie am Rande eines Abgrunds. »Die Stimme, die kein Außenstehender vernahm, peinigte mich unentwegt und war für mich ebenso real wie meine Umwelt und ich. Ihr folgte ich, und sie lenkte mich! Abwechselnd lobte, tadelte oder quälte sie mich. Manchmal schmeichelte sie mir, um mich gleich darauf wieder zu bedrohen.«

Mit einer unglaublichen Kraftanstrengung, einem Ehemann, der ihr bedingungslos zur Seite steht, und einem einfühlsamen Psychotherapeuten gelingt es ihr, der Sucht nach

»Geisterkontakten« zu entkommen, sich der Diktatur der Stimmen zu entziehen und damit den Weg in ein diesseitiges Leben zurückzufinden. Nachhaltig warnt sie Nachahmer vor okkulten Kontaktversuchen, vor dem Flirt mit der Geisterwelt. Dennoch akzeptiert sie eine Erfahrung, die sie letztlich nicht wirklich verstehen kann: »Ich überlasse es Ihnen, liebe Leserinnen und Leser, welche Schlüsse Sie aus meinen Erlebnissen ziehen, denn ich muß bekennen, daß ich die Wahrheit ebensowenig kenne wie Sie.«

»Sprechfunk« mit Verstorbenen

Wäre der Flirt mit der Geisterwelt nichts weiter als dumpfer Aberglaube, schlichter Betrug oder spinnertes Gesellschaftsspiel, könnte er dann eine so ernsthafte Verwirrung auslösen? Das fragt man sich beim Lesen des Berichtes der Carola Cutumo. Ob wir an ein Jenseits glauben und an Geister, die sich per Stimmen, Spuk oder Spiritismus im Diesseits »melden«, ist eine Frage persönlichen Glaubens. Unabhängig davon aber steht fest, daß Millionen Menschen Kontakt zu einer Realität haben oder hatten, die sie als »Geister« *wahrnehmen*.

Über die Teilnehmer okkulter und spiritistischer Zirkel weiß Walter von Lucadou: »Sie haben ein ›feeling‹, das in der Tat etwas Neues darstellt, das ohne diese okkulten Praktiken nicht zustande käme. Damit läßt sich die eigentümliche Faszination erklären, die sich die Teilnehmer auch von wohlmeinenden ›Experten‹ nicht ausreden lassen. Natürlich können die Reaktionen auf ein solches Geschehen ein breites Spektrum zeigen: von Begeisterung bis zu Todesangst, von psychischer Abhängigkeit bis zur Bereicherung des Weltbildes.«

Für die Geistererscheinungen, wie sie von Teilnehmern spiritistischer Sitzungen immer wieder beeindruckt und eindrucksvoll geschildert werden, gibt es bislang wenig befriedigende Erklärungen. Die etablierten Wissenschaften scheuen die Beschäftigung mit paranormalen Phänomenen wie der Teufel das Weihwasser. Und doch stellt der Geisterglaube, wie der Wiener Theologe Adolf Holl es ausdrückt, so etwas wie die »Rückseite« unserer modernen und aufgeklärten Weltsicht dar: ein Hinterzimmer unseres individuellen und kollektiven Bewußtseins, das nicht nur von Fabelwesen und Engeln bevölkert ist, indem es nicht nur märchenhaft zugeht, sondern auch vulgär, gewalttätig und wild.

Der Spiritismus wurde in den USA zu einem nur scheinbar paradoxen Zeitpunkt zur Massenbewegung. Die Faszination für die Welt der Geister wuchs in dem Maße, wie die Gesellschaft begann, sich von Aberglauben und Mystizismus endgültig zu verabschieden, um die Mitte des neunzehnten Jahrhunderts. Aufklärung und industrielle Revolution schienen übersinnliche Erscheinungen, Visionen, religiöse Stimmen und Geister endgültig in den Bereich der Ammenmärchen zu verdrängen. Die wissenschaftlich-technische Entwicklung revolutionierte mit Eisenbahn, Telegraf und Telefon den Verkehr der Menschen untereinander.

Zum erstenmal sollte es gelingen, die Schranken zu überwinden, die Körper und Sinne setzen, und über weite Strecken, quasi »übersinnlich« zu kommunizieren. Über Telegrafie, Telefon, später Radio, Fernsehen und Mobilfunk entstand in den letzten hundert Jahren ein gigantisches, aber unhörbares Stimmengewirr in den Lüften. Daß Menschen mit Menschen am anderen Ende der Welt, sogar im Weltall kommunizieren können, erscheint heute völlig selbstverständlich. Warum nicht auch mit Menschen am anderen Ende der Zeit?

Darüber macht sich auch Lilias Papagey ihre Gedanken. Lilias Papagey ist die zentrale Figur in dem 1995 erschienenen Roman der Erfolgsautorin Antonia S. Byatt. Er spielt im Jahre 1875, im Kreise von mehreren Personen, die sich regelmäßig zu spiritistischen Sitzungen treffen. Lilias Papagey, Seemannswitwe mit offensichtlich medialen Begabungen, fragt sich also, warum die Geister gerade im ausgehenden neunzehnten Jahrhundert so ungewöhnlich aktiv werden und fast überall, wo sich Menschen in bürgerlichen Wohnstuben zu Séancen treffen, gleich in größerer Zahl auftauchen.

»Hamlets Vater war umhergewandelt, und auf den Straßen Roms hatten Tote im Leichentuch geheult und gekreischt – unerklärliche Erscheinungen lokaler Natur, davon war Mrs. Papagey überzeugt, hatte es gewiß schon immer gegeben ... Aber woher waren mit einmal diese neuen nächtlichen Armeen gekommen, diese Onkel und Tanten, Dichter und Maler, unschuldigen Kinder und stürmisch ertrunkenen Seeleute, die allem Anschein nach hinter jedem Stuhl standen und in jedem Schrank eingesperrt waren, die sich in dichten Trauben im Garten sammelten und miteinander die Treppen hochstapften, und wonach verlangten sie?« Vielleicht, so vermutet Mrs. Papagey, wurden sie aus Himmel und Hölle vertrieben, weil unser *Wissen* diese Orte entmystifiziert, quasi unbewohnbar gemacht hat?

»Die Sterne schienen und bewegten sich im leeren All ... Unter dem Höllenpfuhl lagen die grünen Felder Neuseelands und die roten Wüsten Australiens. Mrs. Papagey dachte: Das *wissen* wir heute, wir denken es uns so, oben und unten hat für uns nichts mehr zu bedeuten. Und dennoch können wir den nächsten Gedanken nicht ertragen, den, daß wir zu nichts werden, genau wie Heuschrecken und Rindvieh. Und deswegen wenden wir uns an sie, an unsere persönlichen Engel, um Beruhigung zu erhalten. Und sie kommen, sie kommen, wenn wir sie rufen.«

Mehr als einhundert Jahre später erleben wir mit der Eroberung und Ausforschung des Weltalls ein vergleichbares Phänomen: Die Zahl der beobachteten Kontakte mit »Außerirdischen« nimmt sprunghaft zu, »Ufo-Gläubige« schließen sich zusammen, schwärmen aus zu nächtlicher Himmelsbeobachtung, basteln in ihren Garagen an Funkanlagen zum Verkehr mit anderen Planeten und entwickeln alle Merkmale einer neuen religiösen Bewegung. Die Entmystifizierung des Weltalls ist vielleicht nur zu ertragen, wenn wir uns neue Mythen schaffen.

Doch noch einmal zurück zu der klugen Seemannswitwe Lilias Papagey, die sich in kurzer Zeit zum professionellen Medium entwickelt und ihre Dienste auch gegen Bezahlung anbietet. Ihre Motive erkennt sie selbst als vor allem diesseitige: die düstere Langeweile und erstickende Enge des Lebens, das ihr als Witwe normalerweise zugedacht wäre. »Sie ertrug es nicht, über Hauben und Stickereien und die ewige Malaise mit den Dienstboten zu schwatzen, sie wollte am *Leben* teilhaben. Und der Verkehr mit den Toten war der beste Weg, die Lebenden kennenzulernen, zu beobachten und zu lieben, nicht als höfliche Teilnehmer einer Teegesellschaft, sondern so, wie sie in ihrem verborgenen Inneren waren mit ihren tiefsten Wünschen und Ängsten. Ihr, Lilias Papagey, enthüllten sie sich, wie sie es in der Gesellschaft niemals getan hätten.«

Spiritismus als Gesellschaftsspiel mit Selbsterfahrungscharakter, als Möglichkeit, die engen Grenzen konventioneller Konversation zu sprengen – das faszinierte auch erklärte Skeptiker. »Stimmen aus einer anderen Welt«, so lautet der Titel eines vergilbten Bändchens, erschienen im Jahre 1921 in Radebeul bei Dresden, verfaßt von einem Mann namens F. Gurtis, der sich ausdrücklich als Nichtspiritist bezeichnet. Gurtis hat an einigen Sitzungen einer spiritistischen Gesellschaft teilgenommen, die mit dem Geist eines verstorbenen Knaben namens Karlchen Kontakt aufnahm. Die Ergebnisse dieser Bemühungen referiert er voller Skepsis:

»Nun begann eine solche Sitzung mit der Aufforderung ›Karlchen, trommle mal! Trommel mal: Ich hatt einen Kameraden‹. Darauf trommelt Karlchen den Takt dieses Liedes. Von solch geringer Bedeutung waren alle Äußerungen, von denen der Verfasser in diesen Sitzungen Kenntnis erhielt. Man wird … verstehen, daß der Verfasser zu dem Schluß gekommen ist, daß solche abgeschiedenen Geister, wenn sie vorhanden sind, etwas Besseres und Wichtigeres zu tun haben, als mit den Menschen in Verbindung zu treten, um ihnen vorzutrommeln. Wenn ein solch abgeschiedener Geist die doch nur selten sich ergebende Gelegenheit benutzt, mit irdischen Menschen zu verkehren, so muß er diese selten sich ergebende Gelegenheit doch zu irgendwelchem vernünftigen Zweck benutzen und irgend etwas in irgendeiner Beziehung Wichtiges und Wertvolles mitzuteilen haben.« Gurtis prüft die Geisterwelt mit einer einfachen und einleuchtenden Methode: Er fragt einfach danach, ob die Geister Nennenswertes zu sagen haben.

Dann aber experimentiert Gurtis mit einer ausgefeilteren Form des Geisterkontaktes, mit einem Apparat zum automatischen Schreiben, der durch die Willenskraft einer ganzen Gruppe von Menschen »gelenkt« wird. Mit Hilfe eines von mehreren Händen »geführten« Pendels, das über eine Buchstabentabelle wandert, beginnen sich die Geister in vollständigen Sätzen zu äußern und mit exakten Daten im Diesseits zu präsentieren. Die Protokolle des automatischen Schreibens verzeichnen Gespräche mit Personen wie August dem Starken aus Soest oder dem Kraemer Balduin, Persönlichkeiten aus dem dreizehnten und vierzehnten Jahrhundert. Wortgewandt und poetisch geben sie Auskunft: »Grueße dich, du schoene Frau/Nimms mit mir nicht so genau/Ich war ein Mann mit Minnelust/Und ruhte gern an deiner Schwanenbrust.«

Es scheint kein Zweifel möglich: »Etwas« oder »jemand« hat es geschafft, die unterschiedlichen Teilnehmer der Sitzung zu einer gemeinsamen Äußerung zu bewegen. Vorsichtig folgert Gurtis: »Da in der Tat in diesen Äußerungen Dinge vorkommen, die das Maß dessen überschreiten, was wir als ›natürlich‹ zu bezeichnen gewohnt sind, wird der Leser mit dem Verfasser zu dem Schlusse kommen, daß der Seele des Menschen mehr Kenntnisse und Fähigkeiten gegeben sind, als bisher angenommen wurde und dem Bewußtsein zur Verfügung stehen.«

»Stimmen aus einer anderen Welt« – etwas Unerklärliches, Faszinierendes bleibt den Erscheinungen, die sich offenbar immer wieder eine der jeweiligen Zeit entsprechende neue Form suchen. Im Jahre 1960 »entdeckt« Friedrich Jürgensohn die sogenannten Tonband- oder Radiostimmen. Im Rauschen seines Radios auf einer bestimmten Mittelwellenfrequenz vernimmt er plötzlich deutlich die Stimme seiner verstorbenen Jugendfreundin Lena. Der Rundfunkapparat wird ihm zum Medium, das jenseitige Stimmen in diesseits empfangbare Nachrichten verwandelt.

Bald folgen Tausende den Berichten und Beispielen Jürgensohns. Vereine werden gegründet, Kongresse abgehalten, Bücher publiziert, die über die teils krausen, teils banalen Botschaften berichten, die Ohrenzeugen aus dem »weißen Rauschen« einer bestimmten Mittelwellenfrequenz vernommen hatten. Auch Tondokumente werden vertrieben. Die Behauptung, es sei gelungen, mit Hilfe der Radiostimmen mit verschiedenen verstorbenen Nazi-Größen in Kontakt zu treten, bringt die »Tonbandstimmenhörer« allerdings noch mehr in Mißkredit, als sie in den Augen der meisten Zeitgenossen sowieso schon sind.

Die Diskussion über Wahn oder Wirklichkeit, schlichten Betrug oder »echten« Kontakt zum Jenseits ist endlos geführt worden, sie ist ermüdend und ziemlich schnell langweilig. Jede Seite sieht sich ohne weiteres in der Lage, immer wieder neue »Beweise« für die eigene Wahrheit vorzulegen. Einen interessanteren Weg der Befassung mit den Jenseitigen, die in Form von Radio- und Tonbandstimmen über uns kommen, hat der Publizist Karl Markus Michel gewählt. Ähnlich wie Gurtis fragt er, was diese Geister denn eigentlich mitzuteilen haben.

Die Ergebnisse sind eher ernüchternd: »Die Verhaltensweisen der Jenseitigen, soweit ihre Äußerungen darauf deuten – z. B. ihr Gedrängele am ›Telefon‹, ihre Eifersüchteleien und Streitereien, gelegentlich auch eine kleine Gehässigkeit (›Nervensäge‹ – ›Das ist Mist‹) – bleiben durchaus im kleinbürgerlichen Rahmen, obwohl in gleichsam infantilisierter Form. Sollte es so sein, daß man – mit aller Zurückhaltung sei es gesagt – dort drüben ein bißchen verblödet?

Um diese Frage zu entscheiden, müßten wir mehr über das Leben dort drüben wissen. Aber genau hier bleiben die Auskünfte der Befragten – und wie eindringlich werden sie befragt! – in schmerzlicher Weise vage, ausweichend, verweigernd. ›Es geht gut‹, sagen sie, ›wir leben‹, ›sind zusammen‹; seltener: ›es ist schwierig‹, ›wir haben unsere Probleme‹, ›muß die Rechnung bezahlen‹.«

Karl Markus Michel legt uns nahe: Jenseitige, die sich mit derartigen Banalitäten im Diesseits melden, kann man getrost »überhören« – oder für ein irdisches Phantasieprodukt halten.

Was erklärt die Parapsychologie?

Walter von Lucadou hat in vielfältiger Weise versucht, das Phänomen Tonbandstimmen aufzuklären. Der Physiker und Psychologe hat Studenten die auf Band mitgeschnittenen Botschaften vorgespielt und festgestellt, daß jeder etwas anderes in dem starken Rauschen vernahm. Erst wenn die Studenten »wußten«, welche Worte auf den Bändern zu hören waren, »verstanden« alle dasselbe. Auch Fälschungen wurden im Bereich von Tonbandstimmen aufgedeckt – doch nicht in jedem Fall.

»Wenn man mit solchen Nachforschungen in ein ideologisches Umfeld gerät«, bekennt Lucadou, »ist man verloren. Die Wahrheit ist nie herauszufinden.« Zu den merkwürdig unaufgeklärten Aspekten des Phänomens gehört, daß sich Tonbandstimmen durch mehrmaliges Abhören zu verstärken scheinen – als sei eine Gruppe von Zuhörern in der Lage, durch psychische Energie tatsächlich Worte im Rauschen einer Tonfrequenz zu »formen«.

Die Suche nach dem sogenannten Psi-Faktor – einer Kraft, die geistige Energien materialisiert, die Telepathie, Spuk und Hellseherei gleichermaßen erklärt – stand lange im Mittelpunkt der parapsychologischen Forschung. Die beteiligten Forscher fristen im Wissenschaftsbetrieb seit jeher eine Randexistenz. Der Disziplin haftet der Makel des irgendwie Unseriösen an. Dabei war es von Anfang an erklärtes Ziel der Parapsychologie, mit Hilfe rationaler Wissenschaft scheinbar irrationale Phänomene zu enträtseln.

Die Geschichte der Parapsychologie steht in engem Zusammenhang mit der Spiritismusbewegung. In einem Zeitalter, in dem nur noch wissenschaftliche und nicht mehr religiöse Erklärungen für außergewöhnliche Phänomene und außersinnliche Wahrnehmungen akzeptiert wurden, prägte der Philosoph und Psychologe Max Dessoir 1889 den zunächst neutralen Begriff »Parapsychologie« für eine Wissenschaft zur Untersuchung unerklärlicher Erscheinungen.

Doch die Parapsychologen galten bald selbst als Spinner, wurden an den Universitäten bestenfalls geduldet, finanzierten ihre Forschungen aus Spenden und Erbschaften. Immer dann, wenn es Parapsychologen gelungen war, scheinbar übersinnliche Phänomene aufzuklären, entweder als Betrug zu entlarven oder die »natürlichen Ursachen« zu finden, mußten sie sich von den Vertretern etablierter Wissenschaft vorhalten lassen, damit sei zugleich bewiesen, daß die Parapsychologie als solche überflüssig sei.

Doch andererseits gibt es wohl niemanden im herkömmlichen Wissenschaftsbetrieb, der etwa bereit wäre, sich des Problems jenes Mannes aus Aachen anzunehmen, der behauptete, ihm »erschienen« seine verstorbenen Angehörigen auf dem Bildschirm seines Fernsehgerätes. Der Betroffene hätte die Wahl gehabt, sich als Spinner, Betrüger oder Verrückter abstempeln zu lassen. Doch Walter von Lucadou, Leiter der parapsychologischen Beratungsstelle in Freiburg, hat diesen Fall wie viele andere untersucht, indem er sich zunächst vor Ort ein Bild machte. »Da waren wirklich erstaunlich gut erkennbare Gesichter zu sehen.«

Mit Hilfe eines Kollegen fand er heraus, daß der Mann mit einer Videokamera aus einer unspezifischen »Rauschvorlage« durch permanente Reproduktion und Selektion so lange Bilder herausgefiltert hatte, bis sie ihm bekannt vorkamen. So »erschienen« ihm auf dem Monitor schließlich seine toten Verwandten. Das Phänomen war also einerseits technisch durchaus erklärbar. Andererseits wäre der Mann kaum in der Lage gewesen, die Bilder auf dem Monitor gezielt zu »modellieren«. Das gelang ihm nur mit Hilfe psychischer und geistiger Kräfte, die ihm selbst nicht bewußt waren.

Sind Geistererscheinungen Botschaften aus einer anderen Welt oder »nur« Schöpfungen aus dem Unbewußten? Und warum ist es möglich, daß mehrere Menschen *gemeinsam* dieselbe Botschaft empfangen? Ein berühmtes Experiment aus der parapsychologischen Forschung versuchte, diesen Vorgang aufzuhellen: »Eine Gruppe erzeugt Philip«. Durchgeführt wurde es von einer Gruppe um die amerikanischen Parapsychologinnen Iris Owen und Margret Sparrow: »Ein Team aus fünf Frauen und drei Männern hatte sich eine fiktive Person zur Zeit Oliver Cromwells in der ersten Hälfte des siebzehnten Jahrhunderts ausgedacht: Philip. Die ›sitters‹ füllten allmählich die Geschichte aus, und ›Philip‹ antwortete auf Fragen mit Klopfen (für ›ja‹ oder ›nein‹) oder Kratzen«, berichten Poser und Lucadou.

Im Rahmen einer unglücklichen Liebesgeschichte, stellte sich die Gruppe vor, hatte Philip sich von der Schloßmauer gestürzt. Jetzt gelang es in mehreren Séancen, seinen ruhelosen Geist zum Tanzen zu bringen: »Bei den Séancen der Philip-Gruppe hob sich der Tisch zuverlässig, und zuweilen tanzte er, bäumte sich auf und tappte durchs Zimmer wie ein ungezogener Bernhardiner; das kollektive Unbewußte der acht hatte eine große Zeit, und es muß geradezu eine revolutionäre Stimmung in der Gruppe geherrscht haben, als das geschah.« Mit dem Experiment schien bewiesen, daß psychische Energien »übersinnliche Kräfte« auslösen können, ohne daß Jenseitige dabei mitmischen. Doch es widersetzte sich allen Versuchen, es zu wiederholen oder gar per Videokamera zu dokumentieren.

Hierin offenbart sich ein Grundproblem parapsychologischer Forschung: Spuk, übersinnliche Kräfte und mediale Boten sind flüchtige Erscheinungen und scheuen jede Form der Dokumentation. Die »Flüchtigkeit« paranormaler Phänomene gehört, meint Lucadou, geradezu zu ihrem Charakter – und legt stets den Betrugsverdacht nahe. Die Geschichte der Parapsychologie ist voll von Fällen, in denen Menschen zunächst äußerst glaubwürdig berichteten, einen »echten« Spuk erlebt zu haben. Sobald aber Polizei, Journalisten und Wissenschaftler zur Stelle waren, verflüchtigte sich das Phänomen. Oft genug geschah es dann, daß die Augenzeugen unter dem Druck des »Vorführeffektes« tatsächlich manipulierten, um nicht als verrückt abgestempelt zu werden. Wurde dieser »Betrug« aufgedeckt, war der Fall für die angereisten Beobachter natürlich erledigt.

Doch trotz des Fehlens endgültiger Beweise, trotz aller wissenschaftlicher Aufgeklärtheit bekennen sich in repräsentativen Umfragen regelmäßig mehr als die Hälfte der westeuropäischen und amerikanischen Bevölkerung dazu, an übersinnliche Kräfte zu glauben. »Warum glauben so viele Menschen an übersinnliche Phänomene? Weil sie übersinnliche Erfahrungen machen.« So faßt die britische Psychologin und Wahrnehmungsforscherin Susan Blackmore die Ergebnisse eigener Befragungen in England zusammen.

Fast jeder Mensch kennt aus seinem unmittelbaren Umfeld mindestens eine Geschichte paranormaler Wahrnehmung – etwa die Übermittlung einer Todesnachricht durch Stimmen oder nächtliche Träume. Die Parapsychologie hat Tausende solcher Episoden dokumentiert. Der wissenschaftliche Nachweis einer übersinnlichen Kommunikation aber wäre nur gegeben, wenn diese unter Laborbedingungen reproduziert werden könnte, wenn Hellseher und Medien zuverlässig zum Beispiel Würfelergebnisse vorhersagen oder beeinflussen könnten. Genau das gelingt in der Regel nicht oder nur mit äußerst bescheidenem Erfolg. Und das hat nach Ansicht Lucadous seinen Grund.

»Wer einmal solche Experimente durchgeführt hat, wird zugeben, daß sie selbst bei dem größten Enthusiasmus recht bald gähnend langweilig werden, sowohl für die Versuchsperson als auch für den Experimentator. Die PSI-Phänomene scheinen allerdings bei den Spontanberichten immer mit starken (oft negativen) Emotionen verknüpft zu sein; so darf man sich nicht wundern, daß sich psychokinetische Manifestationen wie beim Spuk nicht auf diese Weise in eine langweilige Laboratmosphäre einfangen lassen.«

So bleibt die Klärung der Frage nach dem »wirklichen« Charakter übersinnlicher Wahrnehmungen aus den Laboratorien ausgesperrt. Es bietet sich an, eine andere Fachrichtung zu Rate zu ziehen, die es häufig mit Geistern und Stimmen zu tun hat: die Ethnologie.

Ausflüge in eine andere Zeit: Indianer und Hexen

Inwieweit »gibt es« die Möglichkeit, die Grenzen der eigenen Persönlichkeit zu verlassen und dort etwas anderes vorzufinden als das Chaos des Wahnsinns? Telepathie, Gedankenübertragung, Kontakt zu Menschen über große Entfernungen hinweg? Hellsichtigkeit und Hellseherei? »Außerkörperliche Erfahrungen«, wie sie von Menschen berichtet werden, die an der Schwelle zum Tod standen? Das »Hören« von Stimmen aus dem Jenseits?

Die Frage, findet der Ethnologe Hans Peter Duerr, ist falsch gestellt. Wenn sich die Hexe auf ihren Besen schwingt, der indianische Magier seinen Körper verläßt, um an einen anderen Ort, in eine andere Zeit zu fliegen, wenn der sibirische Schamane die Geister beschwört oder beschwichtigt, ist das nicht »entweder« als realer Vorgang »oder« als Halluzination zu verstehen. Es geht vielmehr um Bewußtseinserweiterung im wahrsten Sinne des Wortes, um die Auflösung der Ich-Grenzen, die die Persönlichkeit des modernen Menschen organisieren. Es geht um eine unmittelbare Verbindung zwischen dem Menschen und der Welt außerhalb seiner körperlichen Grenzen. Und eine solche Verbindung kann auch zu *hören* sein.

Sie ist, meint Duerr, keineswegs als Geisteskrankheit zu verstehen: »›Die ungezählten Stimmen der Natur‹, so sagte ein Tuscarora-Indianer, ›die für den Weißen stumm sind, sind für uns voller Leben und Kraft.‹ Doch für den Ethnopsychiater liegen die Dinge anders. Für ihn ist klar, daß der Tuscarora mit der Hilfe ›animistischer Projektionen‹ seine Angst davor besänftigt, es könnten gar keine Stimmen der Natur existieren – so wie die Fähigkeit der Schamanen, mit Geistern und Stimmen Kontakt aufzunehmen als ›Halluzinationen‹ beziehungsweise als Symptom einer Geisteskrankheit interpretiert werden.«

Der Indianer, der die Stimmen der Gräser hört, der Buschmann, der fühlt, »der Springbock scheint zu kommen, denn ich spüre das dunkle Haar an des Springbockes Flanke«, besitzt gewissermaßen mediale Fähigkeiten. Seine Grenzen sind durchlässig geworden. Und wenn ein

Mensch, der eine außerkörperliche Erfahrung macht, in einem Klartraum »fliegt«, dann bedeutet das nicht *Trennung* von Körper und Geist, nicht die Vorstellung, daß Seele oder Geist quasi körperlos im All unterwegs ist.

Es bedeutet lediglich: »Die Grenzen unserer Person schließen nunmehr Dinge ein, die wir zuvor zur Außenwelt gezählt haben. Uns wird schlagartig bewußt, daß diese Grenzen nicht mit 1,78 m und 63 kg absteckbar sind. Unsere Seele *löst* sich nicht vom Körper, doch die Grenzen unserer Person decken sich nicht länger mit jenen Grenzen unseres Körpers, die wir auf einer Fotografie sehen mögen. (...) Wir fliegen weniger, als daß unsere gewöhnlichen ›Ich-Grenzen‹ verfliegen, und so mag es durchaus sein, daß wir uns plötzlich an Orten wiederfinden, an denen unser ›Alltagsleib‹, dessen Grenzen sich nicht mehr mit den Grenzen unserer Person identifizieren lassen, sich *nicht* befindet.«

Diesen Auflösungsprozeß vermutet der Ethnologe Duerr als Grundlage paranormaler Fähigkeiten: »Etwas Ähnliches ereignet sich vielleicht im Hellsehen oder der Telepathie. Auch hier scheint die betreffende Person keine Entfernungen zu überwinden in der Weise, in der dies etwa elektromagnetische Wellen tun, es scheint sich nicht um eine Über*tragung* zu handeln (...) sondern eher um eine ›Entgrenzung‹, in welcher im Laufe des Zivilisierungs- und Individuierungsprozesses errichtete Barrieren *aufgelöst* werden.«

Angeln im Bewußtseinsstrom

Ethnologen, Parapsychologen und Bewußtseinsforscher nähern sich von verschiedenen Seiten verschiedenen Phänomenen an. Gemeinsam aber ist ihnen die Frage, wer das »Ich« ist, das unsere Wahrnehmungen, unser Dasein in der Welt im Kern zusammenhält – und was passiert, wenn das

»Ich« die Kontrolle, die Abgrenzung, die Organisation von Sinneseindrücken, Erinnerungen, Gedanken aufgibt.

Die britische Psychologin Susan Blackmore etwa, die ursprünglich den PSI-Faktor entschlüsseln wollte, dann aber angesichts vieler Spukphänomene, die sich in Schall und Rauch auflösten, ins Lager der Skeptiker wechselte, analysiert sogenannte Nahtoderlebnisse zunächst mit Hilfe hirnphysiologischer Vorgänge. Der »Flug« durch einen Tunnel, das Auftauchen bekannter Gesichter, das Ablaufen des eigenen Lebensfilmes – all das läßt sich mit den Vorgängen in einem sterbenden Gehirn erklären. Dann aber kommt sie zur letzten Grenze, die überschritten wird, wenn ein Mensch stirbt: die Auflösung des Ich.

»Es ist dasjenige, das ich für mein Ich halte und auf das ich alles andere beziehe. Es gibt meinem Leben einen Kern. Mit seiner Hilfe kann ich denken, daß ich eine Person bin, etwas, das Kontinuität hat. Auf diese Weise kann ich außer acht lassen, daß ›ich‹ mich von einem Augenblick zum nächsten verändere und sogar jede Nacht im Schlaf verschwinde. Wenn aber das Gehirn an der Schwelle des Todes steht, fällt dieses Modell vom Ich einfach weg. Es gibt kein Ich mehr. Das ist ein seltsames, dramatisches Ereignis: Es gibt niemanden mehr, der die Erfahrung macht, doch die Erfahrung ist da.« Und da »ich« nicht mehr von dieser Erfahrung erzählen kann, folgert Blackmore, bleibt sie auch für den von der Schwelle zum Tod Zurückgekehrten unbeschreiblich. »Nach meiner Überzeugung gibt die Todesnäheerfahrung dem Menschen einen kleinen Einblick in das Wesen seines Geistes, der auf anderem Wege kaum zu gewinnen ist.«

Die Auflösung von Grenzen der eigenen Persönlichkeit bedeutet, »mehr« zu sehen oder wahrzunehmen, als unserem »Ich« normalerweise möglich ist. Und zugleich kann das Bewußtsein diese Wahrnehmungen nicht mehr so recht organisieren. Ob man diesen Vorgang nun psychologisch oder metaphysisch versteht: Die Vermutung liegt nahe, daß jeder Mensch die »Begabung« besitzt, diese Grenzen zu überschreiten.

Menschen, die diese Auflösung von Grenzen nicht nur in Ausnahmezuständen, sondern im Alltag erfahren, die *wissen*, daß sie Stimmen hören und daß diese eine andere Wirklichkeit repräsentieren als die äußere Welt, in der sie leben, sind nach Ansicht Walter von Lucadous mit einer besonderen Gabe ausgestattet. Er nennt es natürliche Multiplizität. Sie ermöglicht, normalerweise unbewußte geistige Vorgänge und »Figuren« ins Bewußtsein dringen zu lassen. »Multiple« Menschen verfügen nach dieser Theorie über eine offene Tür zu den vielschichtigen Prozessen, die ständig in unserem Gehirn stattfinden. Sie haben die Möglichkeit, sich mit dem Geistesleben anderer Menschen zu verbinden, aber sie haben keinen Röntgenblick in die Psyche anderer Leute.

Unser Bewußtsein – die geistigen Vorgänge, die das Ich überblicken und kontrollieren kann – ist danach nicht der einzige organisierte, »sinnvolle« Ausdruck geistiger Tätigkeit, in der sich das Chaos von Informationen, Gedanken, Empfindungen zu einer funktionierenden Einheit, einer »Geschichte« organisiert. Es könnte daneben weitere Strukturen, Entitäten, »Wesen« mit einer eigenen Geschichte und Persönlichkeit geben, die zu unbewußten Verknüpfungen, zur »Zusammenarbeit« mit anderen Menschen in der Lage sind: Eine Gruppe erzeugt Philip.

Viele Stimmenhörer berichten, daß ihre Stimmen mehr sind als akustische Eindrücke: daß sie sich zu kompletten Persönlichkeiten entwickeln, die zum Teil äußerst geschickt vorgehen, »Tricks« anwenden und rabiat werden, wenn ihr Gastgeber versucht, ihren Einfluß zu mindern. Die »natürliche« Mulitplizität ist – im Gegensatz zur multiplen Persönlichkeitsstörung – nach Lucadous Auffassung nicht als Krankheit zu verstehen. Aber sie ist auch keine Fähigkeit, die sich beliebig funktionalisieren ließe. Denn in dem

Moment, wo unser »Ich« die Regie übernimmt, verstehen, kontrollieren, überblicken will, was sich im Geiste abspielt, schließen sich die erweiterten Grenzen – oder es beginnt der Prozeß einer Spaltung, die dann tatsächlich »verrückt« machen kann. Es findet, so Walter von Lucadou, »Bürgerkrieg im Kopf« statt.

Diejenigen Wissenschaftler, die ernsthaft versuchen, die Rätsel menschlichen Geisteslebens zu erforschen, bewegen sich in den letzten Jahren wieder aufeinander zu. Die Erklärungen, nach denen die lange Zeit verfemte Parapsychologie heute sucht, kommen aus dem Spektrum der Psychologie und der Physik. »Es geht nicht um Übersinnliches, sondern um Naturphänomene«, sagt Walter von Lucadou. Wissenschaftler wie er und seine britische Kollegin Susan Pembroke genießen inzwischen hohes Ansehen auf beiden Seiten – bei den Parapsychologen und den Skeptikern, die jeweils in eigenen wissenschaftlichen Gesellschaften organisiert sind.

Beide Seiten verbindet das Entsetzen über Unsinn und Aberglaube, über gefährliche Psychotechniken und Geschäftemacherei, die mit der Esoterik-Welle in die Gesellschaft schwappen. Und beide Seiten untersuchen die Frage, wie es dem Gehirn gelingt, dem Bewußtsein immer wieder ein Schnippchen zu schlagen, eine Wirklichkeit vorzugaukeln – oder aber der Wahrnehmung zugänglich zu machen –, die so real erscheint wie die äußere Welt.

Wer ist das Ich, das sich zum Herrscher über das Bewußtsein erhebt, das »innen« und »außen« zuverlässig voneinander abgrenzt, innere Dialoge von gesprochenen Worten trennt, aus dem Chaos im Hirn ein sinnvolles Bild der Welt schöpft? An dieser Frage rätseln zur Zeit auch Hirnforscher, Molekularbiologen und Philosophen in der ganzen Welt. Wo die falschen Wunder entlarvt sind, geben sie den Blick frei auf die letzten, echten Mysterien.

Quellen:

Byatt, Antonia S.: *Geisterbeschwörung.* Suhrkamp Taschenbuch, Frankfurt 1997

Cutomo, Carola: *Medialität, Besessenheit, Wahnsinn.* Flensburger Hefte 1989

Duerr, Hans Peter: *Traumzeit.* Edition Suhrkamp, Frankfurt am Main 1984

Gurtis, F.: *Stimmen aus einer anderen Welt.* Haupt & Hammob, Radebeul bei Dresden 1921

Holl, Adolf (Hrsg.): *Die zweite Wirklichkeit.* Carl Ueberreuter Verlag, München 1987

Lucadou, Walter von: *Psyche und Chaos.* Theorien der Parapsychologie. Insel Verlag, Frankfurt 1995

Lucadou, Walter von/Poser, Manfred: *Geister sind auch nur Menschen.* Was steckt hinter okkulten Erlebnissen? Herder Verlag, Freiburg 1997

Michel, Karl Markus: *Grüße aus dem Jenseits.* Ein Forschungsbericht. In: Adolf Holl,: a. a. O.

Randow, Gero von (Hrsg.): *Mein paranormales Fahrrad und andere Anlässe zur Skepsis*, entdeckt im »Skeptical Inquire«. Rowohlt Taschenbuch, Reinbek 1993

Schäfer, Hildegard: *Stimmen aus einer anderen Welt.* Chronik und Technik der Tonbandstimmenforschung. Hermann Bauer Verlag, Freiburg 1978

»Geister sind auch nur Menschen« – ein Gespräch mit dem Parapsychologen Walter von Lucadou

Walter von Lucadou ist Physiker, Psychologe und Leiter einer europaweit einzigartigen Einrichtung: der Parapsychologischen Beratungsstelle in Freiburg/Breisgau. Im folgenden Interview geht es vor allem um Lucadous Erfahrungen mit stimmenhörenden Menschen, die sich auf der Suche nach Rat und Hilfe an seine Beratungsstelle wenden.

In welchem Zusammenhang wenden sich stimmenhörende Menschen an Sie?

Ich habe ja einen großen Vorteil. Unsere Einrichtung heißt parapsychologische Beratungsstelle, und die Leute wissen ganz genau, daß sie hier auch verrückte Sachen erzählen können, ohne daß es gleich heißt: Das gibt's nicht. Deshalb kommen viele sehr schnell zur Sache und sagen: Ich höre Stimmen. Und sie erwarten, daß ich ihnen glaube, daß sie Geister sehen. Einige sagen dann: Eigentlich finde ich das normal und habe das schon als Kind erlebt. Andere erzählen mir: Nachdem ich jetzt Tonbandstimmenhören oder Gläserrücken gemacht habe, meldet sich der Geist ständig, ich höre dessen Stimme unentwegt.

Die meisten erzählen, daß ihnen das angst macht, daß sie es loswerden wollen. Sie denken, entweder bedrohe sie etwas Übernatürliches, oder sie seien im Begriff, verrückt zu werden. Manche finden Geisterkontakte am Anfang ja attraktiv und möchten unbedingt mit verstorbenen Entitäten Kontakt aufnehmen. Das wird als etwas Großartiges empfunden – so lange, bis die Quelle sich verselbständigt. Das ist der Zeitpunkt, wenn sie ungefragt auftreten. Dann ändert sich die Stimmung sehr schnell. Die Leute sagen: Ich lege großen Wert darauf, daß sich der Geist nur meldet, wenn ich es will. Danach richtet der sich natürlich nicht. Sie haben quasi eine Tür aufgemacht, die vorher verschlossen war. Und sie kriegen sie nicht mehr zu – man kann sie auch nicht mehr zumachen.

Und wie äußern sich diese Geister?

Die werden dann immer aggressiver, bedrohen auch die Betroffenen, die das bald nicht mehr kontrollieren können. Sie werden beschimpft, die Stimmen geben zu allem und jedem ihren Senf dazu, machen blöde Bemerkungen, zum Teil auch obszöner Art. Sehr schnell baut sich eine aggressive Atmosphäre auf – als ob jemand aufsässig wird und einem zu dicht auf die Pelle rückt. Dann sagen die Betroffenen: Da hat sich jetzt ein negatives Geistwesen, Luzifer oder der Teufel, gemeldet. Diese Personifizierung ist ganz typisch – daß es einen aggressiven, atavistisch primitiven Koboldcharakter annimmt. Das sind diese Zustände, die als Besessenheit empfunden werden. Oft werden dann Exorzismen (Teufelsaustreibungen) und ähnliches betrieben. Mit wenigen Ausnahmen verschlimmern sie das Phänomen. Je heftiger Betroffene gegen die Geister ankämpfen, desto rabiater werden die.

Wie erklären Sie den Betroffenen, was mit ihnen passiert?

Ich sage allen Leuten: Sie haben es mit einer Begabung zu tun. Das nimmt ihnen oft ein bißchen die Angst. Jetzt müssen sie nur richtig damit umgehen lernen. So eine Begabung kann man nicht einfach ausschalten – das ist so unsinnig, als ob jemand zu mir in die Beratungsstelle kommen und sagen würde: »Ich bin so musikalisch. Können Sie mir das nicht vom Hals halten?«

Deshalb erkläre ich den Betroffenen: »Sie müssen diese Begabung respektieren. Das, was sich da meldet, ist etwas, das seine eigenen Rechte und Bedürfnisse hat, ist gewissermaßen wie ein Mensch. Und dieser Mensch hat Vorteile, aber auch Nachteile. Er hat nämlich kein richtiges Wachbewußtsein, und deshalb müssen Sie diesem ›Menschen‹ in sich selbst helfen. Sie müssen ihn wie einen Jugendlichen erziehen. Und wenn Sie das schaffen, dann haben Sie einen Helfer gewonnen.« Das findet man in mystischen Systemen auch: den inneren Helfer, den man sich geneigt machen muß, erziehen muß. Dem darf man nicht alles durchgehen lassen, aber man darf ihn auch nicht totschlagen.

Die meisten Geister lügen ja wie gedruckt. Ich habe viele Menschen, denen der eigene Todestag angekündigt wurde, über diesen Tag hinweg begleitet – ich kenne keinen einzigen Fall, in dem jemand gestorben ist. Und es gibt einen guten Grund dafür: Dieses Wesen, das im Menschen ein parasitäres Leben führt, wird sich nicht selber umbringen.

Also sollte man die Stimmen lieber ignorieren?

So etwas raten wohlmeinende Psychologen anscheinend immer wieder: »Sie sollten das nicht ernst nehmen, hören Sie nicht hin.« Solche Ratschläge sind sinnlos. Etwas, was ich so massiv erfahre, kann ich nicht ignorieren. Wenn diese Tür geöffnet ist und man versucht, das abzulehnen, findet Bürgerkrieg im eigenen Kopf statt. Jede Seite bedroht die andere. Und diese Seite der Geister und Stimmen hat einfach viel mehr Power.

Die Psychiater und Psychologen sagen: Da steigert sich jemand in etwas hinein: Das ist eine vollkommen falsche Beschreibung. Wie würden Sie reagieren, wenn jemand Ihnen Ihren Todestag ankündigt? Da kann man doch nicht sagen, das würde mir nichts ausmachen. Natürlich macht einem das etwas aus. Das muß man ernst nehmen.

Nun gibt es ja die psychologische Theorie, daß das Unbewußte oder Verdrängte eigene Gedanken sind, die sich in Stimmen und Geistern manifestieren.

Aber das stimmt einfach nicht. Die Geister sagen den Betroffenen ganz häufig Dinge, von denen die feststellen: Das konnte ich nicht wissen. Deshalb bin ich ja auch dagegen, daß die Psychologen den Leuten immer einreden, daß das eigene, unbewußte Gedanken sind. Das ist nicht richtig – es ist etwas Selbständiges. Das ist wie ein psychischer Parasit – kein Teil vom Unbewußten.

Oft finden die Betroffenen die Ursache dafür nicht in sich selbst. Aber es gibt so etwas wie eine Affinität zu genau diesem Parasiten. Vielleicht gibt es eine spontane Sympathie oder auch Ablehnung. Oder so etwas wie eine Haßliebe. Wir sagen zum Beispiel: Jemand liegt auf meiner Wellenlänge. Das heißt ja nicht, daß der andere ein Teil von mir ist. Man muß ihre Botschaft verstehen, und dann muß man sie erziehen.

Oft sagen die Stimmen den Menschen aber am Anfang, was sie machen sollen. Es gibt zum Beispiel immer wieder Leute, die mit Tonbandstimmen experimentieren und Warnungen bekommen, Stimmen, die sagen: »Hör auf damit! Sonst hast du die Sache nicht im Griff.« Aber die Leute hören nicht darauf.

In anderen Kulturen sagt man: Das sind Geister, die sich melden. Wenn man C. G. Jungs Psychologie anwendet, würde man sagen: Da hat sich jemand eine Struktur aus dem kollektiven Unbewußten geangelt. Im neuen ICD 10 (dem internationalen Diagnosehandbuch der Psychiater) ist ja auch der Begriff der Besessenheit wieder aufgetaucht. Das sind alles nur Modelle. Ich glaube natürlich auch nicht, daß ein Geist in der Gegend herumschwebt und sich dann bei jemandem festsetzt. Aber phänomenologisch ist es eine vollkommen selbständige Psyche, die sich da breitmacht und die eben die oder den Betreffenden quält.

Ich habe es immer noch nicht ganz verstanden: Verstehen Sie das Stimmenhören als Fähigkeit oder als Störung?

Ich würde nicht von einer Fähigkeit reden, sondern von einer Disposition, einer Veranlagung. Die kann man nicht einfach erwerben wie Autofahren oder Klavierspielen.

In der alternativen Psychoszene wird all das ja angestrebt: hellsichtig zu werden oder mediale Fähigkeiten zu erwerben, und damit wird auch viel Unsinn getrieben. Fähigkeiten kann man ausnutzen, benutzen, funktionalisieren – und das ist die Frage, ob man das mit solchen Begabungen kann oder sollte.

Ich habe festgestellt, daß fast alle Menschen, die paranormale Fähigkeiten, also zum Beispiel eine gewisse Medialität haben, auch diese Multiplizität aufweisen. Das ist nichts Übersinnliches, sondern ein Naturphänomen. Das sind oft sehr kreative, geistreiche Menschen mit einem sensiblen Zugang zu sich, zu anderen Menschen in ihrer Umgebung. Aber sie können ihn nicht einfach benutzen, er tritt ihnen gegenüber wie etwas Fremdes, und sie haben dafür das Label: Das ist ein Geist.

Eine solche Gabe einfach beseitigen zu wollen kommt mir so vor, als ob jemand auf die Idee käme, sich nur mit der Hälfte seines Körpers zu bewegen – davon wird er krank. Nach unserer heutigen Ideologie heißt das: »Diese Störung muß beseitigt werden«, und das ist falsch, das ist die Erklärung zum Bürgerkrieg. Genauso falsch ist es, wenn ich das, was da als Stimme laut wird, vereinnahmen will, wenn ich sage, das muß alles in die Persönlichkeit integriert werden.

Und wie kann man lernen, mit Geistern und Stimmen zu leben?

Wenn jemand rechtzeitig in die Beratungsstelle kommt, und ich kann ihm das Phänomen erklären, dann kann es gut sein, daß der Betreffende das selber, auch ohne Psychotherapie gut packt. Aber wenn jemand schon lange Zeit falsch damit umgegangen ist, braucht er wahrscheinlich eine psychotherapeutische Unterstützung, um sich in diesem Durcheinander zurechtzufinden. Ich sage den Betroffenen am Telefon immer: »Ihre Stimmen hören genau, was ich Ihnen sage.« Manchmal sind das ja unangenehme Burschen, die richtig ungehalten reagieren. Die werden regelrecht ausfallend und sagen dann: »Hör dem bloß nicht zu!« Manche der Geister sind einsichtiger und merken: Da ist jemand, der versteht, worum es geht. Und die helfen den Betroffenen dann.

Es gibt auch relativ einfache Ratschläge. Zum Beispiel daß man sagt: Dieser ruppige Bursche, der Sie da ständig belästigt – vielleicht hat der einfach nichts Gescheites zu tun. Beschäftigen Sie den doch mal. Vielleicht hat der ein gutes Gedächtnis. Geben Sie dem mal die Aufgabe, den Fahrplan auswendig zu lernen. Sie können sich darauf verlassen: Wenn Sie den fragen, wann der Zug geht, dann sagt der ihnen das.

Man muß das nicht immer unter dem Aspekt sehen: Kann ich das integrieren, in mir selber auflösen? Wer will denn so was? Der andere will das ja auch nicht. Was würden Sie denn sagen, wenn jemand daherkäme und verlangen würde, daß Sie sich auflösen? Da brauchen Sie sich nicht zu wundern, wenn jemand rabiat wird, wenn ich mit solchen Forderungen komme. Oder wenn ich Ihnen sagen würde: Ich nehme Ihnen jetzt mal kurz Ihr Bewußtsein, dann geht es Ihnen viel besser. Sie würden sich doch bedanken. Aber wenn ich sage: Damit es Ihnen ein bißchen bessergeht, schreiben Sie mal bis morgen alles auf, oder lernen Sie mal die Seite auswendig, würden Sie es vielleicht machen. Ich biete hier in der Beratungsstelle keine Therapie an – aber ich kann solche Tips geben.

Gibt es nach Ihrer Definition ein gesundes und ein krankes Stimmenhören?

Ich bin der Meinung, daß man das differentialdiagnostisch unterscheiden kann. In der Psychose hören die Leute auch Stimmen, fühlen sich von fremden Einflüssen verfolgt, sind überhaupt nicht mehr frei, leiden unter Einschränkungen und Denkstörungen. Sie spüren selber: Ich kann nicht so sein, wie ich eigentlich bin. Häufig ist am Anfang einer psychotischen Erkrankung noch das Selbstkonzept einer intakten Persönlichkeit vorhanden, und das geht dann im Laufe der Zeit verloren, dieses innere Bild des eigenen Selbst. Während es bei der natürlichen Multiplizität, wenn man sie richtig versteht, überhaupt keine Einschränkungen gibt – im Gegenteil, es gibt eine Erweiterung des Gesichtsfeldes.

Ich frage die Leute immer: Wenn Sie sicher sein würden, daß Ihnen nichts passiert, würden Sie die Stimmen dann weghaben wollen? Die Menschen, die an einer Psychose leiden sagen: Ich will es auf jeden Fall weghaben. Während die medialen oder multiplen Menschen sagen: Eigentlich finde ich es ja interessant. Ich will nur sicher sein, daß mir nichts Schlimmes passiert.

Haben Sie eine wissenschaftliche Erklärung für solche Geisterphänomene?

Unser Gehirn hat ein sehr kompliziertes, vielschichtiges, neuronales Netz. Diese Netzwerktheorie ist zwar selber wieder eine Vereinfachung und vermutlich viel zu simpel. Aber man kann zumindest daraus lernen, daß in solchen neuronalen Netzen Multiplizität eine Möglichkeit darstellt. Multimodale Zustände: Das heißt, ein System beinhaltet in einem energetischen Zustand mehrere Ausprägungen, die gleichzeitig auftreten. Genauso würde ich den Zustand beschreiben, in dem sich diese Menschen befinden. Ihr neuronales Netz hat die Fähigkeit, mehrere Zustände gleichzeitig zu realisieren, wobei nur ein Zustand bewußt ist, und der andere Zustand ist nebenbewußt.

Es gibt die Unterscheidung in die Welt, die einen Beobachter hat, und in die, die keinen Beobachter hat. Die Welt, die einen Beobachter hat, ist unser Bewußtsein, das ist die exogene Welt. Die Welt, die sich nicht selbst beobachtet, befindet sich in diesem Endobereich. In dieser Endowelt gelten andere Regeln. In dieser Endowelt gibt es noch keine Objekte. Dort gibt es so etwas wie eine Verknüpfung mit bestimmten Bereichen der Umgebung. Das ist keine Verknüpfung, die man benutzen kann wie eine Fähigkeit, sondern so etwas wie eine Symmetrieeigenschaft. Eine psychische Struktur, die Bewußtsein bekommen kann. Wenn sie sich als Geist meldet, kann sie auch in diesen Exobereich gelangen: Das ist so, als gäbe es eine Erinnerung an die Endowelt.

Noch einmal: Wer sind denn nun die Geister?

Wer ist denn Ihr Ich? Genau das gleiche sind die Geister. Man könnte sagen: Das ist eine Anregung Ihrer Hirnrinde, Ihres Neocortex.

Interview: Irene Stratenwerth

Irene Stratenwerth

»Töte einen Katholiken!« – verirrt zwischen Religion und Wahn

Am 15. Dezember 1994 geschieht in der Hamburger St.-Marien-Kirche etwas Unfaßbares. Margret M., 43 Jahre alt und regelmäßige Besucherin des katholischen Gottesdienstes, zieht ein Beil aus ihrer Tasche und schlägt damit auf eine vor ihr sitzende Rentnerin ein. Die 72jährige Hedwig B. bricht tot zusammen. Später ist in den Zeitungen zu lesen, daß Margret M. Stimmen hörte, die sie immer wieder dazu aufforderten, einen Katholiken zu töten.

Über solche Ausbrüche scheinbar sinnloser, absurder Gewalt, die durch innere Stimmen ausgelöst werden – über Menschen, die Amok laufen, ein Flugzeug entführen, ein Kind verletzen –, wird hin und wieder in den Medien berichtet. Und das ist auch fast der einzige Anlaß, aus dem »Stimmen« zum Gegenstand des öffentlichen Interesses werden. Solche Meldungen machen angst, zu Recht. Doch nur selten wird, wie im Falle Margret M., auch nur in Ansätzen bekannt, welcher innere und äußere Kampf einer solchen Tat vorausgeht, wie jemand vor der Tat um Hilfe ruft, mit wieviel Hilflosigkeit ihr (nicht) geantwortet wird.

Margret M. ist eine Frau, die viel Wert auf ein äußerst korrektes Auftreten legt. In weißer Bluse und Kostüm, die Haare zum braven Knoten gesteckt, so beschreiben es die Gerichtsreporter, sitzt sie dem Gericht gegenüber, das über sie zu urteilen hat. Die ehemalige Jurastudentin weiß sich auszudrücken und zu verhalten, doch verständlich machen kann sie sich nicht.

Über die Kindheit berichtet sie, daß sie in bürgerlichen Verhältnissen aufgewachsen ist, als Einzelkind in einem sehr engen Verhältnis zu den Eltern. Ihr Vater stirbt, als sie vierzehn Jahre alt ist. Zehn Jahre später, sie hat sich gerade aus dem Elternhaus gelöst, ist zum Studium nach Hamburg gezogen, wird die Mutter schwer krank. Margret M. ist in großer Sorge. Irgend jemand gibt ihr einen Rat, der eigentlich überhaupt nicht zu ihrer Weltanschauung paßt: Sie soll mit der schwerkranken Frau an einer Pilgertour in den französischen Wallfahrtsort Lourdes teilnehmen. In ihrer Not greift Margret M. nach dem Strohhalm. Dreimal pilgern Mutter und Tochter in die Mariengrotte – vergeblich. 1979 stirbt die Kranke an einem Rückenmarksleiden.

Noch in der Leichenhalle hat Margret M. zum erstenmal eine ungewöhnliche Wahrnehmung. Über dem Kopf der Toten sieht sie einen übernatürlichen Glanz. Ihre aus Lourdes mitgebrachte Marienfigur fängt bald darauf an, verrückt zu spielen. Stimmen und »paranormale« Erscheinungen nehmen von jetzt an in ihrem Leben immer mehr Raum ein. Am schlimmsten ist eine Stimme, die von Margret M. »Lourdes-Sau« genannt wird. Unentwegt drangsaliert sie Margret M. mit dem Befehl, »einen Katholiken zu töten«.

Vier Jahre nach dem Tod der Mutter reist Margret M. noch einmal nach Lourdes. Vergeblich versucht sie dort, die Ursache des Spuks, der in ihr Leben Einzug gehalten hat, herauszufinden. Anschließend kommt sie zum erstenmal, völlig abgemagert und entkräftet, in eine psychiatrische Klinik. Mit ihren Problemen fühlt sie sich auch dort nicht verstanden. »Die Ärzte, die mir wegen innerer Stimmen die Diagnose stellten, hatten alle keine Ahnung vom Wallfahrtsort Lourdes«, schreibt sie in einem Brief. Gegen die Stimmen bekommt sie Medikamente, über die sie lakonisch mitteilt: »Nur haben die keine Wirkung, weder bei mir noch bei anderen, finde ich.« Die Stimmen hören niemals auf, sie zu bedrängen.

Der Kontakt zwischen Margret M. und der Welt geht über fünfzehn Jahre hinweg zunehmend verloren. Das Studium und einen späteren Job als Heimleiterin muß sie aufgeben. Der Verlobte verläßt sie. Schließlich lebt sie völlig isoliert in einer kleinen Wohnung, kommuniziert mit ihren Nachbarn nur noch in Form von Postkarten, auf denen sie Ordnung und Sauberkeit im Haus einklagt. Um die »Lourdes-Sau« zu besänftigen, tritt sie, gegen die eigene Überzeugung, in die katholische Kirche ein, besucht regelmäßig Gottesdienste. Mit niemandem kann sie über das, was ihr tagtäglich ins Ohr geflüstert, ins Ohr geschrien wird, sprechen.

Zweimal noch ist sie für ein paar Wochen in einer psychiatrischen Klinik. Dort wird eine Diagnose gestellt, sie bekommt Medikamente, wird ein bißchen aufgepäppelt und ohne jede Perspektive entlassen. Nichts und niemand bietet einen Ausweg aus ihrer Not, während die Stimmen Tag und Nacht gebetsmühlenartig wiederholen: Töte einen Katholiken!

Sie beginnt, die Tat zu planen, und versucht gleichzeitig, letzte Notbremsen zu ziehen. In über hundert eingeschriebenen Briefen an Ämter und Politiker, nicht wenige davon an die Hamburger Staatsanwaltschaft, kündigt sie ihr Vorhaben an, benennt den Ort, die Zeit, das Opfer, die Waffe. Als einzige Reaktion flattert ihr nach Wochen ein Brief des Vormundschaftsgerichtes ins Haus, in dem es in absurdem Bürokratendeutsch heißt: »Sie erhalten hiermit Gelegenheit zur Stellungnahme, was Sie unter ›Berechtigung, Katholiken zu töten‹ verstehen und ob und ggf. warum Sie mit einem 800-Gramm-Hammer herumlaufen.«

Kein Mensch, der mit Margret M. zu sprechen versucht, der zur angekündigten Zeit am angekündigten Ort ist, um einen Totschlag zu verhindern.

Der vom Gericht beauftragte psychiatrische Gutachter bescheinigt Margret M. eine schizophrene Psychose. Sie wird für schuldunfähig erklärt und per Sicherungsverwahrung für unbestimmte Zeit untergebracht, in der forensischen Abteilung einer psychiatrischen Klinik. Auf zwei Briefe, die ich ihr schreibe, antwortet sie höflich und ausführlich. Ihr Problem, so schreibt sie, habe nichts mit dem Phänomen »innere Stimmen/Psychiatrie« zu tun. Sie brauche vielmehr, und das sei im Gerichtsverfahren nicht ausreichend berücksichtigt worden, einen theologischen Gutachter.

Diese Forderung erscheint nur auf den ersten Blick abwegig. Margret M. hat im Laufe der Jahre immer wieder nach theologischen Deutungen ihrer Erlebnisse gefragt – und Antwort bekommen. »So erklärte mir ein Kaplan, daß mein kath. Exbekannter und ich Zeugin einer Auferstehung von den Toten geworden waren, in der Leichenhalle des Friedhofes von Cuxhaven«, schreibt sie. Unter größten Schwierigkeiten hat sie versucht, sich Literatur über Lourdes zu beschaffen. In Frankreich hat sie ein Buch aus dem Jahr 1858 gefunden, in dem auch über »Höllenspuk« in Lourdes berichtet wird. »Eine goldene Madonna mit Rauchfüßen raste an der Grotte vorbei. Die Leute sind entsetzt davongelaufen. Wenn ich das aus dem Buch zitiere, es erschien mit kirchlicher Druckerlaubnis, halten mich alle für verrückt«, schreibt Margret M.

Und noch etwas bestärkt sie in der Annahme, daß ihre Wahrnehmungen nicht wahnhaft waren, sondern tiefere Bedeutung hatten. »Die inneren Stimmen haben mir 1979 den bevorstehenden Tod des Vaters meines kath. Exbekannten angekündigt. Sechs Wochen später starb der Mann ganz plötzlich an Herzversagen. Weil die innere Stimme mir das mitgeteilt hat, das Ereignis traf zu, habe ich lange auf die innere Stimme gehört.« Vielleicht hätte es ihr geholfen, von anderen Stimmenhörern zu erfahren, die ähnliche »mediale« Erlebnisse hatten – und lernten, sich dennoch der Macht der Stimmen zu widersetzen.

Die Geschichte der Margret M. läßt sich psychologisch, psychiatrisch oder theologisch deuten; man kann ihre »Besessenheit« durch Stimmen als Folge des traumatisch erlebten Todes ihrer Mutter, als Folge einer Massensuggestion, des religiösen Psychokultes in Lourdes oder einfach als Folge einer Geisteskrankheit verstehen. In keiner dieser Deutungen scheint ihre Geschichte wirklich aufzugehen. Die Grenzen zwischen Glauben und Wahn, zwischen gesellschaftlich Akzeptiertem, religiöser Erscheinung und individueller Geisteskrankheit verschwimmen, wenn man sich mit dem Ort beschäftigt, an dem Margret M.s »Besessenheit« begann: dem französischen Wallfahrtsort Lourdes.

»Die Eindrücke, die man mitnimmt, sind zweierlei, und sie sind einander feindlich und unpersönlich: Lourdes ist ein ungeheures Elendsspital in eine riesenhafte Kirmes ausgeschüttet: eine Essenz des Grauens, tropfenweise in eine Tonne grober Lustigkeit versenkt; ein Gemisch von Schmerzensheiligtum, Hanswurstiade und Viecherei. Nirgendwo sonst auf der Welt wuchert solche fromme Gemeinheit. Nirgends hat sich der Satanismus der Häßlichkeit gewaltiger und zynischer aufgedrängt. Offenbar erreichen wir in Lourdes die allertiefsten Unterwelten der Frömmigkeit«, schrieb der Schriftsteller Joris Karl Huysmanns zu Anfang dieses Jahrhunderts.

Und Kurt Tucholsky, der sich ebenfalls vom Phänomen Lourdes faszinieren ließ, notierte in seinem Pyrenäenbuch: »Es gibt keinen Fall von Heilung im Winter – keinen einzigen! Es kann keinen geben, weil die Masse fehlt, die brodelnde, Gebete plappernde, dahinziehende, sich pressende, chorsingende Masse. Der Pilger ist mit seinem Gott und seiner Grotte allein. Da springt kein Funke über, da bäumt sich nichts auf, da peitscht nichts auf den Willen ein, da raunt nichts: Gesunde! Da ruft nichts: Gesunde! Da brüllt nichts: Steh auf und wandle! Im Winter geschlossen.«

Wallfahrten nach Lourdes werden auch heute von kirchlichen Organisationen unterstützt. Zigtausende von Pilgern erleben im französischen Wallfahrtsort subjektive Wunder und sehen die Madonna weinen – ohne als geisteskrank diagnostiziert zu werden. Für die Wissenschaft ist das Thema Lourdes praktisch tabu. »Sich mit Lourdes oder auch nur dem Thema abzugeben, war unter ›Gebildeten‹ nie fein«, schreibt Wolfgang Brückner in einem Ausstellungskatalog des Bayerischen Nationalmuseums aus dem Jahre 1984. Nicht nur Theologen, auch Psychologen und Mediziner vermieden jede Beschäftigung mit den immer wieder berichteten Wunderheilungen.

So kann auch Margret M. trotz intensiver Suche kein Fachbuch über Lourdes finden, das ihr hilft, ihre verstörenden, verwirrenden Eindrücke zu verarbeiten und zu verstehen. Als biedere, junge Jurastudentin, die ganz und gar einem rationalistischen Welt- und Wissenschaftsverständnis anhängt, gerät sie in diese »tiefsten Unterwelten der Frömmigkeit«, innerlich zerrissen zwischen Hoffnung, Entsetzen, Unglauben. Und wird bitter enttäuscht. Sie verliert nicht nur ihre Mutter, sondern auch den Glauben an die eigene Urteilsfähigkeit.

Niemand kann sagen, daß er ein sicheres Rezept gegen die Zerstörung ihrer geistigen Gesundheit und gegen die Tötung einer Kirchgängerin gehabt hätte. Die Tragik ihres Falles aber liegt darin, daß es in fünfzehn Jahren niemanden gab, der auch nur versucht hätte, ihre Erfahrungen ernst zu nehmen. Vielleicht hätte ein Versuch, ihre Wahrnehmungen »von innen« heraus zu verstehen und ihnen einen Platz zu geben, ihr geholfen – die Psychiatrie jedenfalls hat das gar nicht erst versucht.

Wie nah das »Wahnsystem« der Margret M. mit dem Glaubenssystem eines Würdenträgers verwandt ist, das macht der katholische Weihbischof deutlich, als er nach der Tat im Gotteshaus ein Bußritual inszeniert, das die Kirche von der Sünde reinigen soll. Der Wahnsinn, so predigt er von der Kanzel herab, sei eine Höllenmacht. Jeder einzelne Gläubige müsse die Sendboten des Teufels in sich selbst niederkämpfen, um nicht zu enden wie Margret M.

Irene Stratenwerth

Der Alptraum in der Puppenstube – Stimmen und Spaltungen als Folgen von Gewalterfahrungen

Nach Jahren der Abwesenheit kehrt eine junge Frau in ihren Heimatort zurück. Sofort fühlt sie sich magisch zu ihrem ehemaligen Elternhaus hingezogen. Als sie vor diesem Haus steht, hört sie zum erstenmal in ihrem Leben eine Stimme: »Ihre eigene Stimme, die ihr eine schreckliche Geschichte erzählt. Die Geschichte einer sexuellen Mißhandlung, die in diesem Haus stattgefunden hatte. An ihr. Während sie der Erzählung lauscht, weiß sie plötzlich: Das ist wahr, das ist mir wirklich geschehen.« Diese Episode erzählt die Psychotherapeutin Michaela Huber in ihrem Buch »Multiple Persönlichkeiten«.

In manchen Fällen scheint der Zusammenhang auf der Hand zu liegen: Stimmen bringen zur Sprache, was dem Bewußtsein nicht mehr zugänglich ist – eine unerträgliche Wahrheit, ein vergessenes, verdrängtes Trauma. In vielen anderen Fällen aber ist die Beziehung zwischen realer Erinnerung, verdrängter Realität, überlebensnotwendigem Vergessen und »verrückten« Symptomen höchst verworren, bizarr, kaum noch aufklärbar. Das hat seine Gründe.

Sexuelle Mißhandlung von Kindern in Familienzusammenhängen ist erst seit etwa Anfang der achtziger Jahre ein »öffentliches« Thema. Und erst über die öffentliche Diskussion nahm dieses Thema ganz langsam seinen Weg in die

Fachwelt derjenigen, die sich mit schwer gekränkten und gestörten Frauen beschäftigen, die Welt der Psychiatrie. Die Lebensgeschichte von Frauen, die als geisteskrank diagnostiziert sind, weil sie beispielsweise Stimmen hören, war lange Zeit für deren psychiatrische Behandlung eher »uninteressant«.

So beschreibt Fritz Bremer, wie er ab Mitte der siebziger Jahre als Pfleger und Honorarkraft in psychiatrischen Großkliniken arbeitete und dabei mehreren Patientinnen begegnete, deren Verhalten auf sexuelle Gewalterfahrungen schließen ließ. Er schildert den Fall einer älteren Frau, die seit den fünfziger Jahren hospitalisiert war. »Sie galt als schizophren und hatte sich in ein merkwürdiges ›Wahngebilde‹ eingesponnen. Alle Menschen in der Station gehörten ihrer Vorstellung nach in irgendeiner Weise zu ihrer Familie. Auffällig waren ihre häufigen sexuellen Anspielungen und distanzlosen Äußerungen, die sie fast immer einleitete, indem sie über die von ihr gehörten Stimmen sprach. Die Stimmen verboten ihr das Aussprechen sexueller Anspielungen. Durch Nachfrage und das Aussprechen selbst versuchte sie nun fortwährend, die Gültigkeit des Verbots zu überprüfen.«

In Gesprächen mit der Patientin deutete sich an, daß sie Zeugin und Opfer sexueller Gewalt durch ihren Vater geworden war. Doch es bleibt bei Andeutungen: »Alles, was sie berichtete, war umgeben von einem Hauch unheimlicher Unwirklichkeit. Es war wie der Bericht über einen Alptraum in einer Puppenstube. Offenbar konnte sie eigene Lebensgeschichte und Identität nur noch auf diese Weise bewahren und darstellen.«

Im Falle einer jüngeren Patientin beobachtet Bremer, wie deren Berichte über ihre sexuellen Gewalterfahrungen bei Ärzten und anderen psychiatrischen Mitarbeitern ankommen. »Im Mitarbeiterkreis wurde über die Geschichte der jungen Frau wie über ein Geheimwissen gesprochen. Zwar hatte sie einige Verbündete gefunden, doch setzten sich in der Geschichte ihrer Psychiatrisierung vor allem Geheimhaltung, Verdrängung, Nichtbeachtung und Entwertung der eigentlichen Lebensgeschichte durch. Auch ihre Lebensweise in der Psychiatrie vermittelte den Eindruck, als sei sie eine Kranke, die irgendwann einmal bereits ein ganz anderes Leben gelebt hätte, zu dem es nun aber gar keine Verbindung mehr gab.«

Frauen, die Patientinnen der Psychiatrie werden, gelten als geisteskrank und damit zwangsläufig als nur bedingt glaubwürdig. Der Versuch, ihrer Geschichte auf die Spur kommen, wird auch heute nur im Ausnahmefall unternommen. So bleibt der Zusammenhang zwischen Symptomen wie Stimmen und lebensgeschichtlichen Ereignissen zwangsläufig spekulativ, vage, anzweifelbar.

Die in Diskussionen über das Thema »Frauen und Psychiatrie« immer wieder vorgetragene Behauptung, 80 oder 90 Prozent aller psychiatrisierten Frauen seien in ihrer Kindheit sexuell mißbraucht worden, ist allerdings gewagt. Denn ein statistisch auswertbares »Wissen« um die Lebensgeschichten von Patientinnen liegt in psychiatrischen Institutionen eben gerade *nicht* vor. Die Behauptung eines fast zwangsläufigen Zusammenhanges zwischen sexueller Mißhandlung und psychischer Krankheit verstellt zudem den Blick auf die vielfältigen Konflikte und Zerreißproben, in denen weibliche Biographien geschrieben werden: Frauen, die *nicht* Opfer sexueller Gewalt wurden, hätten danach kaum einen vorzeigbaren »Grund«, dennoch »verrückt« zu werden.

Eine niederländische Untersuchung fand einen Ausweg aus dieser Sackgasse. Frauen, die *wußten*, daß sie als Kinder sexuell mißhandelt worden waren, wurden befragt, ob sie schon einmal außergewöhnliche Wahrnehmungen wie visuelle oder akustische Halluzinationen erlebt hätten. Die Ergebnisse waren beeindruckend: Insgesamt 43 Prozent der knapp hundert Frauen, so Bernadine Ensink, Psychologin an der Universität Amsterdam, »berichteten, Stimmen zu hören. Acht beschrieben akustische Halluzinationen, die zumindest teilweise mit sexuellem Kindesmißbrauch zusammenhingen. Weitere vier erzählten uns, daß sie sich nicht unmittelbar an ihre Erlebnisse erinnern, ihnen jedoch Stimmen von ihrer Kindheit berichten.«

Die meisten Frauen mit akustischen Halluzinationen gaben an, daß sie seit vielen Jahren Stimmen hörten. Fast genauso viele Interviewpartnerinnen erzählten von visuellen Halluzinationen, von denen viele im unmittelbaren Zusammenhang zu ihren traumatischen Erlebnissen standen. »Das schlimmste ist, daß ich meinen Mann nicht sehen kann. Wenn ich im Bad bin und er hereinkommt, muß ich gehen – ich sehe nicht meinen Mann reinkommen, sondern meinen Vater«, erzählte eine von ihnen den Untersucherinnen.

Ein weiteres Ergebnis der Studie: Frauen, die Stimmen hörten, hatten insgesamt frühere und schlimmere sexuelle Aggressionen erlebt als andere Mißbrauchsopfer. Bei den stimmenhörenden Frauen waren besonders häufig die Väter Täter gewesen; eine Rolle spielt aber auch eine gleichgültige, vernachlässigende Haltung durch die Mütter.

Dissoziative Störungen

Eine schreckliche Erfahrung in sich zu bewahren und zugleich vergessen zu können – das ist, so die Theorie, auch die Funktion der wohl spektakulärsten psychischen Störung, die in den letzten Jahren von den Medien, oft in merkwürdiger Ambivalenz thematisiert wurde: die multiple Persönlichkeitsstörung (MPS), die von Fachleuten dissoziative Identitätsstörung (DIS) genannt wird. Nachdem die Wiederentdeckung dieses in der Literatur schon im neunzehnten Jahrhundert beschriebenen Phänomens zunächst viel öffentliches Aufsehen erregte, folgte der Widerruf auf dem Fuß: In jüngster Zeit wird die steigende Zahl von MPS-Diagnosen als Modeerscheinung, als Erfindung feministisch verblendeter Psychotherapeutinnen in Frage gestellt. Jede Beschäftigung mit dem Phänomen »multiple Persönlichkeitsstörung« ist mittlerweile ein Ausflug auf vermintes Terrain, ein Grenzgang zwischen heillos zerstrittenen ideologischen Lagern.

Der wissenschaftliche Konsens zum Thema MPS/DIS ist seit 1980 im international gültigen Diagnosehandbuch der Psychiater (DSM) festgeschrieben. Dort wird die Störung folgendermaßen definiert:

»A) Existenz von zwei oder mehr unterschiedlichen Persönlichkeiten oder Persönlichkeitszuständen innerhalb einer Person (jede mit einem eigenen, relativ überdauernden Muster, die Umgebung und sich selbst wahrzunehmen, sich auf sie zu beziehen und sich gedanklich mit ihnen auseinanderzusetzen);

B) Mindestens zwei dieser Persönlichkeiten oder Persönlichkeitszustände übernehmen wiederholt die volle Kontrolle über das Verhalten des Individuums.«

Auch der holländische Psychiater Marius Romme bediente sich dieses internationalen Diagnoseschlüssels, als er stimmenhörende Menschen nach ihren Erfahrungen befragte. Unter den Teilnehmern seiner Studie waren etwa ein Drittel als »schizophren« diagnostiziert, ein weiteres Drittel litt unter dissoziativen Störungen, ein weiteres Drittel war nach gängigen psychiatrischen Kategorien »gesund«. Auch wenn diese Zahlen sicher nicht als repräsentativ gelten können, wird daran deutlich: Dissoziative Störungen sind *ein* möglicher Hintergrund des Phänomens des Stimmenhörens.

Menschen mit einer MPS/DIS haben ihr Leben, Denken,

Fühlen und Erinnern auf mehrere »Innenpersonen«, sogenannte »Alters« verteilt. Sie »verlieren Zeit«, finden sich an Orten und zu Zeitpunkten wieder, die ihnen unerklärlich sind. Ausgelöst wird die Störung, so die Psychotherapeutin und deutsche MPS-Expertin Michaela Huber, in den allermeisten Fällen durch sexuellen Mißbrauch, der in frühester Kindheit beginnt, über Jahre hinweg und meistens von mehreren Tätern begangen wird. Für Michaela Huber bedeutet die therapeutische Arbeit mit diesen Frauen vor allem den Versuch, Spaltungen zu überwinden, eine Lebensgeschichte wiederzufinden, die den »Multiplen« bewußt nicht mehr zugänglich ist.

Anfang der neunziger Jahre entstand in den USA eine Gegenbewegung zur zunehmenden Skandalisierung sexueller Gewalt. Initiiert wurde sie von Peter und Pamela Freyrd, die der Meinung sind, ihre Tochter behaupte zu Unrecht, sie sei vom Vater mißbraucht worden. Die »False-Memory«-Bewegung, die auch von einigen Wissenschaftlern unterstützt wird, behauptet: Erinnerungen an sexuellen Mißbrauch, die erst im Erwachsenenalter auftauchen, hätten keine reale Grundlage. Solche Erinnerungen und auch die Entwicklung einer multiplen Persönlichkeitsstörung seien von übereifrigen Therapeuten »eingeredet«.

Der Stand der wissenschaftlichen Forschung über Dissoziationsphänomene, die Zahl spezialisierter Therapeutinnen und Therapeuten ist spärlich, besonders in Deutschland. Das Land der Täter hat sich mit den Opfern extremer Gewalt nur wenig beschäftigt. Deutschland, so meint der Frankfurter Arzt und 2. Vorsitzende der Internationalen Fachgesellschaft für Dissoziative Störungen (ISSD) Dr. Arne Hofmann, ist »ein Entwicklungsland in Sachen Traumaforschung. Wie Menschen auf massive Gewalterfahrung und Folter reagieren, hat bei uns lange Zeit niemanden interessiert.«

Doch aus der Hirnforschung weiß man heute, wie traumatische Erfahrungen »verschwinden«. Wird das Gehirn eines Menschen unter extremem Streß mit Adrenalin überflutet, versagt das Kurzzeitgedächtnis den Dienst. Gespeichert werden, in tieferen Hirnstrukturen, Bilder, Geräusche, Gerüche. Es sind Erinnerungen, die nicht sprachlich verarbeitet wurden, die nicht bewußt »erzählt« werden können – Erinnerungen, die deshalb scheinbar nicht zur »Geschichte« des Menschen gehören.

Werden diese Erlebnisse und Eindrücke, etwa durch bestimmte Assoziationsketten, wieder »berührt«, kann es zu Flashbacks kommen: Der Mensch wird von den »vergessenen« Bildern, Eindrücken, Stimmen geradezu überflutet. Untersucht wurde das an Vietnam-Veteranen und Feuerwehrleuten. »Solange solche Ergebnisse nicht auf die Opfer sexueller Gewalt angewendet wurden, hat sie niemand in Frage gestellt«, sagt Dr. Hofmann. Er selbst hat in seiner Klinik erlebt, wie Patientinnen Flashbacks beim Anblick einer Videokamera erlitten. Plötzlich waren Erinnerungen an Mißbrauchssituationen vor einer Kamera, an die erzwungene Teilnahme an Kinderpornoproduktionen wieder da.

Die Entwicklung einer multiplen Persönlichkeit ist offenbar *eine* Möglichkeit, auf eine bestimmte Form des sexuellen Mißbrauchs zu reagieren. Auch Stimmenhören *kann* Folge solcher traumatischen Erfahrungen sein. Außerdem gibt es viele Fälle, in denen sich die Symptome und Erscheinungsformen mischen: Für manche Multiple, so Michaela Huber, sind Stimmen die einzig wahrnehmbaren »Lebenszeichen«, die vom Vorhandensein weiterer Innenpersönlichkeiten beziehungsweise Alters zeugen, manchmal dienen sie auch der Verständigung der Alters untereinander. Der Zusammenhang zwischen Stimmen, multiplen Persönlichkeitsstörungen und Gewalterfahrung, wie ihn Michaela Huber im folgenden Interview beschreibt und erläutert, repräsentiert einen besonders düsteren Aspekt unseres Themas. Zugleich aber zeigen auch diese Erfahrungen, daß die Bedeutung und Funktion von Stimmen und Spaltungsphänomen niemals nur als Störung verstanden werden kann. Mit den inneren Quälgeistern treten meist auch innere Helfer auf den Plan, die versuchen, eine Strategie zum seelischen Überleben noch angesichts schlimmster Vernichtungsdrohungen zu entwerfen.

Quellen:

Bremer, Fritz: *Endstation Psychiatrie?* In: Johns, Irene/Kirchhofer, Friedhelm/Kupfer, Heinrich: *Nicht länger Opfer sein.* Folgen sexueller Kindesmißhandlung und therapeutische Hilfen. Paranus Verlag, Neumünster 1993

Ensink, Bernadine: *Trauma: Eine Studie zu Kindesmißbrauch und Halluzinationen.* In: Romme, Marius/Escher, Sandra: *Stimmenhören akzeptieren.* Psychiatrie-Verlag, Bonn 1997

Fröhling, Ulla: *Vater unser in der Hölle.* Ein Tatsachenbericht. Kallmeyersche Verlagsbuchhandlung, Seelze 1996

Herrmann, Judith Lewis: *Die Narben der Gewalt.* Kindler-Verlag, München 1993

Huber, Michaela: *Multiple Persönlichkeiten.* Fischer Taschenbuch, Frankfurt 1995

»Lichtgestalten und Mächte der Finsternis« – ein Gespräch mit der Psychotherapeutin Michaela Huber

Über den Zusammenhang von sexueller Gewalterfahrung, Stimmen und multiplen Persönlichkeitsstörungen.

Michaela Huber, Sie arbeiten therapeutisch mit Frauen, die meist schon als Kinder jahrelang sexuelle Gewalt erlitten haben, und Sie sind Autorin des Buches »Multiple Persönlichkeiten«. Welche Rolle spielen Stimmen in diesem Zusammenhang?

Wenn eine Frau, die eine multiple Persönlichkeitsstörung hat, zu mir in die Therapie kommt, habe ich es zunächst oft mit einer Person zu tun, die ungefähr im Körperalter der Gesamtpersönlichkeit ist – des »Host« (Gastgeber). Sie ist diejenige, die im Leben pragmatisch funktioniert, die Fäden zusammenhält, nach außen gerichtet ist. Andererseits spürt sie, daß etwas passiert, worüber sie keine Kontrolle hat, ist unruhig und voller Angst. Ein wichtiges diagnostisches Kriterium für das Vorliegen einer »multiplen Persönlichkeitsstörung« (MPS) sind Tagesamnesien – die Klientin »verliert Zeit«, weiß nicht, was in dieser Zeit mit ihr geschieht.

Oft hören diese Patientinnen ab und zu Stimmen, sind sehr darüber erschreckt und versuchen, diese Wahrnehmungen eher zu vermeiden. Manche haben ein selbstexploratives Verhalten entwickelt und sagen: »Na gut, muß ich mal hinhören, was die Stimmen sagen. Vielleicht ist was Wichtiges dabei. Ansonsten sollen die irgendwann Ruhe geben.«

Eine Klientin hat mir ihre Stimmen so geschildert, wie in dem Film »Himmel über Berlin«. Da ist Bruno Ganz ein

Engel, der durch die Menschenmenge geht und deren Gedanken hört. Das ist ein ständiges Gebrabbel – und wenn er nah genug kommt, dann hört er deutlich, was diese Person denkt, und dann gibt es eine emphatische Reaktion des Engels: Verstehen oder Mitleid. So ähnlich muß man sich das vorstellen: Ich höre ein stetes Gebrabbel im Hintergrund. Manchmal herrscht auch Totenstille, und das erschreckt mich sehr – das ist ein schlechtes Zeichen. Alle sind weg, die Türen sind zu.

Und was sagen diese Stimmen so?

Ich kenne aus meiner Praxis vier Formen des Stimmenhörens. Erstens, die harmloseste Variante: Stimmen, die als dem Selbst zugehörige Gedanken empfunden werden. Man hört sich beim Denken zu, ist mehr oder weniger bereichert, interessiert – das gehört aber zum gesamten, kognitiven Denk- und Bewertungsvorgang.

Zweitens gibt es Gedanken, Emotionen und Handlungsimpulse, die in einer abgespaltenen Form geäußert werden. Das wird als nicht zum Ich gehörig wahrgenommen, ist aber auch nicht wahnhaft.

Drittens gibt es Introjekte: Nach innen genommene äußere Objekte – Personen, die im Laufe des Lebens eine wichtige Rolle gespielt haben. Ein Beispiel, das sehr viele Leute kennen, ist die innere Kritikerin, die ständig sagt: »Das wird sowieso nichts!« Manche können es kaum zuordnen, manche sagen zum Beispiel: Das ist die Stimme meiner Mutter!

Viertens können Stimmen auch ein wahnhaft halluzinatorisches Geschehen sein. Im Sinne einer Kurzschlußreaktion im Gehirn, wo bizarre Verbindungen eingegangen werden, die manchmal ganz quälend zwanghaften, immer wiederkehrenden, sich wiederholenden Charakter haben.

Abgespaltene Gefühle und Handlungsimpulse, die als Stimmen laut werden, und Introjekte, nach innen genommene Außenpersonen, das begegnet uns bei multiplen Persönlichkeiten am häufigsten.

Vielleicht sollten Sie Ihre Sicht der multiplen Persönlichkeitsstörungen zunächst erklären.

Bei den dissoziativen Störungen geht es um eine sehr frühe Form, überwältigende Erfahrungen abzuwehren. Nicht alle Kinder, die solchen Gewalterfahrungen ausgesetzt sind, können dissoziieren. Aber bei denjenigen, bei denen das funktioniert, muß man sich vorstellen, daß sie eine Art Tabula-rasa-Zustand herstellen. Die Kinder versetzen sich in Trance. Es entsteht ein Leerezustand – alles, was vorher da war, klappt weg. Die Situation wird völlig neu »beschrieben«, und es zählt nur noch, was in dieser Situation gerade passiert: was der oder die Täter – Vater, Mutter, Onkel oder andere vielleicht vertraute Personen – von ihnen erwarten. Sie sind das, was hier jetzt gefordert ist, ein Spiegel dessen, was die Situation von ihnen verlangt.

Wenn so etwas *einmal* passiert, dann werden solche Erfahrungen entweder in irgendeiner Form verarbeitet oder verdrängt, im Sinne einer Amnesie. Aber wenn das immer und immer wieder passiert, über Jahre, dann schaffen sie sich Personalitäten für solche Situationen. Und die Täter gehen oft ganz gezielt damit um, indem sie etwa sagen: Ich will Jaqueline sprechen. Und Jaqueline ist ein ganz bestimmter Zustand, der in dieser Situation gefordert ist, und sich dann zum Alter (Innenpersönlichkeit) entwickelt. Manche Alters hören auch Stimmen. Andere hören nichts – und fühlen sich sehr allein.

Das heißt, die Stimmen sind eine Möglichkeit für den Host oder auch für die Alters, Bewußtsein darüber zu erlangen, daß es andere gibt?

Ja – und nicht alle haben das am Anfang. Aber wenn wir mit ihnen arbeiten, fangen sie an, sie als Stimmen zu hören. Sie fangen auch an, sie visuell wahrzunehmen, als innere Gestalten. Es beginnt oft mit Stimmen, und irgendwann machen sie sich ein inneres Bild von ihnen. Sie werden transparent, und so kriegen die einzelnen abgespaltenen Persönlichkeiten Kontur.

Das Interessante bei den Multiplen ist, daß wir direkt in Dialog mit den Stimmen treten können. Ich kann fragen: Diese Stimme, die das und das sagt, kann ich die mal sprechen? Zack, habe ich die da – das geht oft ganz schnell. Aber die Gastgeberperson ist für diese Personalität anfangs häufig amnestisch. Sie kann nicht daneben stehen und mitbekommen, was ich mit der Stimme bespreche. Ich muß es ihr hinterher erzählen. Sie hört nur hin und wieder einen hämischen Kommentar aus dem Hintergrund, und dann ist das wieder weg.

Sind Alters allesamt Innenpersonen, die perfekt auf die Anforderungen bestimmter Situationen, zum Beispiel auf Erwartungen von Tätern konditioniert sind?

Wenn ein Kind so flexibel ist, daß es immer den Anforderungen entspricht, die die traumatische Situation von ihm verlangt, dann nimmt es den Täter auch in sich auf – das ist die Identifikation mit dem Aggressor. Diese Alters sind sehr zerstörerisch am Anfang. Das sind diejenigen, die die heftigsten Impulse haben, zu morden, zu zerstören, zu schneiden – in der Regel den eigenen Körper.

Diese Alters werden oft als so dunkel und bedrohlich wahrgenommen, daß wir erst im Laufe der Zeit von ihnen erfahren.

Und es dauert auch eine Weile, bis eine Klientin bereit ist, solche dunklen Anteile, von denen sie sich oft regelrecht besessen fühlt, als Teil ihrer eigenen Persönlichkeit wahrzunehmen. Dazu muß der Host erst mal akzeptieren, daß er nicht allein ist und daß er nicht der Chef im Ring ist. Wenn jemand das nicht akzeptieren kann, führt das zu einem ewigen Kampf gegen etwas, was man nicht besiegen kann: Das, was abgespalten ist, kann man nicht kontrollieren.

Von vielen Stimmenhörern wissen wir aber, daß oft genau das ihr Ziel ist: Chef im Haus zu sein und vor allem die dunklen, zerstörerischen Stimmen loszuwerden oder zum Schweigen zu bringen.

Aber diese dunklen Stimmen sind nun mal Teile der Persönlichkeit und wollen respektiert werden. Auch die feindseligen Impulse wollen respektiert werden. Das ist nicht viel anders als bei anderen Menschen auch, nur daß diese Persönlichkeitsanteile in diesem Fall so abgespalten sind. Durch dieses Eigenleben kriegen sie etwas Mystisches. Ich glaube, jeder hat jemand anderem schon mal den Tod gewünscht. Aber wenn ein Alter oder eine Stimme solche Wünsche äußert, dann kann das sehr bedrohlich sein. Ein gewisser Respekt, ein Verstehen, dem einen Platz geben – das kann sehr erleichternd wirken.

Ob ich das als Teil von mir verstehen und integrieren kann oder ob ich das personalisiere als »Otto«, von dem ich weiß, daß er immer diese aggressiven Sprüche macht – in jedem Fall geht es darum, dem einen Platz zuzubilligen. Eine freundliche, kooperative, auch fürsorgliche Art im Umgang mit diesen feindseligen Persönlichkeitsanteilen halte ich für erfolgversprechender als eine Verteufelung und Dämonisierung. Was wirklich schädlich ist, sind Rituale wie Exorzismen. Es gibt große Studien, die zeigen, daß das mehr schadet als nutzt.

Eine andere Möglichkeit des Umgangs sind Integrationsrituale – quasi das Gegenteil von Exorzismus. Wenn sich ein

Alter zum Beispiel nur schuldbeladen fühlt, ständig suizidgefährdet ist und einen Zugang zu religiösen Dimensionen hat, können spirituelle Rituale hilfreich sein. Ich habe mehrmals miterlebt, wie ein Pastor jemandem in einem sehr ernsten Setting erklärte: »In diesem Leben wird man schuldig. Jesus hat die Schuld für uns alle auf sich genommen.« Das ist für manche eine Chance, Erlösung und Versöhnung zu erleben – und diesen Teil ihrer Erfahrungen zu integrieren.

Ist das, was Sie beschreiben, immer Folge einer systematischen psychischen Manipulation durch die Täter?

Nein, überhaupt nicht. Es muß nicht systematisch sein. Das meiste geschieht innerhalb chaotischer Familienverhältnisse, in denen das Kind mißhandelt, gequält, sexuell mißbraucht wird – für die Kinder ist das völlig unberechenbar. Nur in organisierten Täterkreisen wird systematisch gearbeitet. Das Gros unserer Klientinnen kommt aus Familien, die völlig dysfunktional sind. Gerade das Unberechenbare macht für ein Kind den permanenten, chronischen Streß aus, ein Leben in andauernder Hochspannung, tagsüber und nachts erst recht. Umgekehrt führt auch eine organisierte, systematische Mißhandlung nicht zwangsläufig zu einer MPS.

Manche Patientinnen haben vor allem Amnesien. Eine hat mir mal gesagt: Ich ziehe mein Leben wie einen dunklen Teppich hinter mir her. Ich spüre, wie etwas durch mich hindurch reagiert und halte die Fassade aufrecht. Ihr inneres Geschehen bekommt sie nur in Form von Stimmen mit.

Stimmen haben für diejenigen, die sie hören, oft eine mystische Dimension. Und dann passieren in ihrer Umgebung offenbar auch noch ständig »merkwürdige Dinge« – wie erklären Sie sich das?

Meine Klientinnen haben auch ungewöhnlich viele bizarre Erlebnisse. Dazu gehört das Ruinieren von Computern, der Ausfall von Autobatterien, die Störung elektrischer Geräte aller Art in ihrer Nähe. Eine Klientin hat sich immer wieder eine neue Batterie für ihre Uhr gekauft, in einer Phase, in der wir viel mit den Alters gearbeitet haben – immer wieder war die Batterie leer. Und auch ich spüre die ungeheuren Energien, die von Multiplen ausgehen, wenn ich ihnen gegenübersitze.

Wir können ja nicht messen, was da passiert. Aber wenn wir unsere Sprache durchforsten, finden wir Hinweise: Vibration (engl. ausgesprochen), atmosphärische Spannungen, dicke Luft – im Volksmund weiß man, daß es so was wie Gewitter im Raum geben kann, auf das auch hochsensible Geräte reagieren. Viele erzählen auch von außersinnlichen Wahrnehmungen, hellseherischen Fähigkeiten und ähnlichem. Eine von ihnen, die von Beruf Ärztin ist, hat angefangen, ein Experiment daraus zu machen. Sie sitzt irgendwo, guckt über die Straße, sagt zu ihrem Mann: »Heinz, der Mann dort drüben fällt gleich«. Und plumps – liegt der auch schon da.

Wenn ihnen ein paarmal so was passiert ist, neigen viele dazu, ein magisches Denken zu entwickeln, und glauben, daß ihr Denken wirklich alles mögliche bewirken kann. Aber es ist wichtig, daß wir diese Fähigkeiten nicht überschätzen. Es gibt sicher Personen mit einer großen Durchlässigkeit für alles mögliche, was um sie herum passiert. Aber daraus läßt sich nicht ableiten, daß sie wirklich verläßlich Dinge vorhersagen können.

Zu diesen außersinnlichen Wahrnehmungen gehören auch außerkörperliche Erfahrungen (Out-of-Body-Experience), von denen viele Stimmenhörer berichten. Interpretieren Sie solche Wahrnehmungen als Begabung oder als »Halluzination«, als Störung?

Wichtig ist mir festzuhalten: Spaltungsphänomene sind Streßphänomene. Die Psyche arbeitet meiner Erfahrung nach sehr ökonomisch. Sie muß schon unter erheblichen Streß geraten – wie Krieg, permanente Vernachlässigung, sexuelle Gewalt –, damit sie den Aufwand betreibt, der dazu gehört, eine außerkörperliche Erfahrung zu produzieren, die eine psychische Todesnähe bedeutet. Viele Multiple kennen Zustände oder haben Alters, die keinen Schmerz empfinden. Und das ist auch nötig. Weil viele so schwer mißhandelt worden sind, daß sie in solchen Situationen normalerweise ohnmächtig geworden wären.

Menschen, die dissoziieren, sind in solchen Situationen »wach«, haben die Augen offen, können roboterhaft handeln, haben aber überhaupt kein Körpergefühl, keinerlei Schmerzen. Kinder erzählen uns, daß sie auf den Schrank gestiegen sind und von oben zugeguckt haben, was mit ihnen passiert – und zwar immer in dem Moment, in dem es am allerschlimmsten wurde.

Aber es gibt solche Ausnahmezustände auch in anderen kulturellen Zusammenhängen, in schamanischen Ritualen oder Initiationsriten …

… und es gibt Untersuchungen, die zeigen, daß es ganz spezifische Leute sind, die das können. Nämlich Leute mit einer hohen dissoziativen Fähigkeit, die selber schon todesnahe Erfahrungen durchgemacht haben. Die werden in religiösen Ritualen zum Teil auch hergestellt. Man bringt die Leute in todesnahe Situationen – Jesus ging vierzig Tage in die Wüste –, um sich in einen Zustand von Trance zu versetzen. Wir nennen das existentielle Krise: In solchen Situationen werden Persönlichkeitsgrenzen erweitert, und dann gibt es Stimmen, visuelle Halluzinationen, außerkörperliche Erfahrungen.

Dissoziation wäre – so gesehen – vor allem eine Überlebenstechnik, eine Möglichkeit, traumatische Erfahrungen aus dem Alltagsbewußtsein zu verbannen. Können Stimmen oder Alters denn auch eine positive, tröstende, helfende Wirkung entwickeln?

Viele Multiple haben »inner selfhelper«: eine liebevolle, freundliche Instanz, die etwa als weise alte Frau in Erscheinung tritt. Ich habe schon Gestalten gesehen von derartiger Engelhaftigkeit, von einer so unglaublich tiefen Ruhe, von einer so strahlenden Helligkeit, daß ich wirklich beeindruckt war und gespürt habe, was für ein Schatz es für diese Persönlichkeit ist, solche Anteile zu haben. Die führen Heilungszeremonien durch, singen, musizieren: etwas ganz Liebevolles, Warmes, Beruhigendes. Und umgekehrt gibt es die Mächte der Finsternis, die quälen, zerstören, verdammen, in den Abgrund ziehen. Dann spüre ich deutlich, wie gut es ist, wenn jemand so eine Lichtgestalt als innere Helferin hat. Glücklich sind diejenigen, die sie haben – das sind längst nicht alle.

Interview: Irene Stratenwerth

Akzeptieren, verstehen, helfen …

Thomas Bock

Akzeptieren, verstehen, helfen – Wege zu einer neuen Balance

Die Psychiatrie hat das Stimmenhören bisher vor allem als Symptom einer schizophrenen Psychose angesehen und vor allem mit Psychopharmaka behandelt. Die Stimmen ernst zu nehmen wurde lange als unnötig und sinnlos abgetan. Inzwischen haben mehrere Studien belegt, daß sehr viel mehr Menschen als bisher angenommen Stimmen hören, darunter auch viele, die unter keiner Diagnose zu fassen sind und die keine psychiatrische oder psychotherapeutische Hilfe in Anspruch nehmen. Auch psychisch gesunde und ansonsten unauffällige Menschen hören Stimmen. Viele von ihnen haben aus sich heraus Fähigkeiten entwickelt, mit den Stimmen zu leben, sie zu beeinflussen und von ihnen zu lernen.

Vor allem in den Niederlanden, in England und Wales und seit kurzem auch in Deutschland gibt es Stimmenhörernetzwerke, die den Austausch untereinander organisieren und die verschiedenen Strategien im Umgang mit Stimmen sammeln, auswerten und weitergeben. In diesen Netzwerken begegnen sich Stimmenhörer, die schon fremde Hilfe in Anspruch genommen haben, und solche, die ohne fremde Hilfe auskommen. Die beiden Gruppen unterscheiden sich weniger nach der Art und Lautstärke der Stimmen als nach den Ressourcen, die ihnen zur Verfügung stehen. Die eigenen Ressourcen zu stärken ist daher auch das Anliegen der Netzwerke.

Die guten Erfahrungen der Netzwerke fordern die

Psychiatrie heraus: Ein grundlegend anderer Ansatz im Umgang mit Stimmen stößt auf große Akzeptanz und hilft vielen Stimmenhörern, mit ihrer Erfahrung zurechtzukommen. Renommierte Psychiater wie der Ordinarius der Medizinischen Hochschule Hannover, Professor Hinderk Emrich, greifen die Kritik auf und betonen, daß die eigene Zunft mit der »Pathologisierung des Ungewöhnlichen« entschieden zu weit gehe. Professor Marius Romme aus Maastricht, der sich um eine emanzipatorische Beforschung des Phänomens Stimmenhören besondere Verdienste erworben hat, zieht sogar in Zweifel, »ob Psychiater heutzutage überhaupt die richtigen Ansprechpartner für Stimmenhörer seien, weil sie zuwenig differenzieren«. Ich hoffe, die Psychiatrie nutzt die Chance zu lernen: mehr Nüchternheit in der Bewertung der gewohnten pharmakologischen Strategien, mehr Verständnis für Ungewöhnliches, mehr Differenzierungsvermögen im psychotherapeutischen Umgang und eine neue Balance von Selbst- und Fremdhilfe.

Phasen der Selbststeuerung

Selbsthilfe kommt vor Fremdhilfe. In einem kleinen Leitfaden für Stimmenhörer, der inzwischen auch deutschsprachig vorliegt und über die Adresse des Netzwerks zu beziehen ist, werden verschiedene Phasen der inneren Auseinandersetzung mit Stimmen unterschieden. Dieser Prozeß dringt oft wenig nach außen, verdient aber Aufmerksamkeit und Unterstützung.

Phase der Irritation: Viele Stimmenhörer versuchen anfangs, das Ereignis physikalisch zu erklären, also bestimmte Reize ausfindig zu machen. Als nächstes folgt häufig eine Fluchtreaktion: Man versucht, dem Einflußbereich der Stimmen zu entgehen. Die Flucht kann lange oder kurz dauern und mehr oder weniger weit führen. Die meisten Stimmenhörer machen die Erfahrung, daß die Stimmen wiederkommen. Je nach sozialer Kompetenz und vorhandenen Ressourcen wird dann mehr oder weniger bewußt versucht, die eigene Situation zu variieren und eventuell auch andere Personen zu beteiligen, um zu prüfen, ob sich die Einflüsse verändern (lassen).

Phase der Reorganisation: Nach der ersten Verunsicherung wird es wichtig, das neue Phänomen begrifflich zu fassen und eine zumindest vorläufige Erklärung zu finden. Die Stimmen begrifflich einzuordnen schafft zumindest die Voraussetzung dafür, mit anderen in Kontakt zu treten. Der Austausch mit anderen hilft Ängste abzubauen, relativiert die Macht der Stimmen, stärkt die eigene Position und ermutigt zum Dialog mit ihnen.

Phase der Stabilisierung: In dieser Phase bilden sich individuelle, erfolgreiche Strategien heraus, mit den Stimmen umzugehen. Sie können sehr verschieden sein. Die einen lernen, sich bewußt abzulenken, die anderen übertönen die Stimmen mit Musik. Den einen gelingt es, selektiv hinzuhören und unliebsame Stimmen auszublenden. Andere gestalten die soziale Situation so, daß die Stimmen keine Übermacht gewinnen.

Vom Umgang mit ungebetenen Gästen – Erfahrungsschatz der Stimmenhörerbewegung

Die Stimmenhörerbewegung hat die unterschiedlichen Strategien gesammelt und auf einer höheren Stufe integriert und verarbeitet. Verschiedene Regeln und Lehrsätze wurden formuliert, und ein sehr eigener Stil im Umgang mit den Stimmen entwickelte sich.

Die Stimmen sind wahr, du hörst sie ja! – Das subjektive Erleben ernst nehmen: Die Stimmenhörergruppen ermutigen, hinzuhören und das Gehörte nicht von vorneherein zu verdrängen. Wie im Traum so können auch beim Stimmenhören die laut werdenden Personen eine tiefere Bedeutung haben. Bezogen auf Gegenwart, Vergangenheit oder Zukunft können die Stimmen die eigene Befindlichkeit spiegeln, also Erfahrungen, Bestimmungen, Befürchtungen oder Hoffnungen artikulieren und ihren Charakter und ihre Lautstärke entsprechend verändern. Sie können zu vertrauten Personen gehören oder auch völlig fremd erscheinen. Ihre Botschaft kann sehr direkt oder sehr verschlüsselt sein. Sie zu verstehen kann manchmal die fast immer auch irritierende und belastende Wirkung der Stimmen aufwiegen. Die Stimmen zu akzeptieren heißt nicht, sich ihnen bedingungslos auszuliefern. Es geht darum, sie sich anzueignen, sofern das möglich ist, oder mit ihnen in einen Dialog zu treten, um die eigene Position zu stärken.

Schutzengel oder Helmut Schmidt? – Jede Erklärung annehmen: Wenn ich Stimmenhörer frage, wer da spricht oder welche Kräfte hinter den Stimmen stehen, erhalte ich sehr verschiedene Antworten. Der eine verweist auf Gott und seine Schutzengel. Der andere ist überzeugt, von einem Nachbarn, der insgeheim Psychoanalytiker ist, überwacht zu werden. Der dritte schwört, daß Helmut Schmidt ihn von langer Leine aus lenkt. Wieder andere denken eher an ihre verstorbene Großmutter. Die Selbsthilfegruppen haben an dieser Stelle eine beeindruckende Souveränität entwickelt. Großzügig heißt es dort: Jede Erklärung ist besser als keine, jedes Verständnis ist besser als keins. Einen Begriff oder Namen für das Ungewöhnliche zu haben, das einen beschäftigt, stärkt die eigene Position. Das lehrt schon das Märchen Rumpelstilzchen. Außerdem wird ein sozialer Austausch möglich: Was ich benenne, kann ich auch mitteilen. Und was ich mitteile, kann ich teilen, das heißt, ich muß seine Last nicht mehr alleine tragen.

Mit dieser offenen Haltung sind die Stimmenhörer der klassischen Psychiatrie ein gutes Stück voraus. Deren begriffliche Angebote sind vergleichsweise dürftig und eher auf die Verständigung der Ärzte untereinander ausgerichtet als dem Selbstverstehen des einzelnen dienlich.

Reden wie mit einem Nachbarn – den Stimmen mit Selbstverständlichkeit begegnen: Es gibt freundliche und unfreundliche, aufdringliche und zurückhaltende Nachbarn. Wenn ich ihnen mit einer gewissen Selbstverständlichkeit begegne, tun sie es umgekehrt auch. Wenn ich mich verstecke, werden sie neugierig. Wenn ich mit ihnen kein Wort wechsel, halten sie mich für arrogant und fangen an, untereinander über mich zu tuscheln. Ähnlich verhält es sich mit den Stimmen.

Die Stimmen sprechen sehr real. Sie sind akustisch zu vernehmen. Meist sind sie Personen zuzuordnen. Die Personen können bekannt oder unbekannt, fremd oder vertraut, angenehm oder unangenehm sein. In der direkten Auseinandersetzung reagieren die Stimmen oft sehr »menschlich«. Manche sind beleidigt, wenn sie sich verraten fühlen, oder eifersüchtig, wenn andere Beziehungen wichtig werden. In den meisten Fällen quittieren die Stimmen Akzeptanz mit Großzügigkeit. Sie verhalten sich wie Nachbarn.

Wieder Herr im eigenen Haus? – Sich gegen die Stimmen behaupten

Ist unser Haus groß genug, um noch jemand darin wohnen zu lassen – vorausgesetzt, er oder sie benimmt sich anständig? Welche Vor- oder Nachteile hat ein Mitbewohner? Kann es ein Gastrecht für Stimmen geben?

In der Vergangenheit haben wir des Menschen Haus zu klein geplant. Die Seele ist doch größer und vielfältiger, als die Moderne uns glauben machen wollte. Und langsam müssen wir erkennen, daß sich bestimmte Widersprüche und innere Spannungen durch nichts aus der Welt schaffen lassen. Auch ungebetene Gäste kann ich nicht einfach beseitigen. Ich würde im Gefängnis landen. Die Stimmen sind nicht um jeden Preis abzustellen: Oft genug geht das gar nicht, oder der Preis ist zu hoch. Aber vielleicht ist es möglich, sie in Lautstärke, Penetranz und Charakter zu beeinflussen. Sie sollen nicht ganz verschwinden. Aber was ist zu tun, um wieder Herr im eigenen Haus zu werden?

An dieser Stelle haben die Stimmenhörer verschiedene Techniken entwickelt, ausprobiert und zum Teil auch von verschiedenen therapeutischen Schulen übernommen:

Fokussieren: Zu bestimmten Zeiten bestimmten Botschaften bewußt Aufmerksamkeit schenken, um für die übrige Zeit mehr Freiraum zu gewinnen. Bestimmte Stimmen fördern, andere in den Hintergrund drängen, selektiv hören.

Strukturieren: Auf den Zeitpunkt des Stimmenhörens Einfluß nehmen, Sprechzeiten vereinbaren. Die Situation angenehm gestalten.

Kontrollierter Dialog: Den Stimmen nicht alles erlauben, ihnen bewußt und offensiv entgegentreten, sie ernst nehmen, aber vor allem sich selbst als Person behaupten.

Tagebuch: Auslöser und Anlässe, Häufigkeit und Dichte der Stimmen systematisch reflektieren.

Kontakt zu Dritten halten: Isolierung und Tabuisierung überwinden, Distanz herstellen, unter Umständen auch direkte Hilfe, Schutz, Begleitung usw. in Anspruch nehmen.

Neue Ansätze zur Behandlung

Inzwischen hat die Diskussion über einen angemessenen Umgang mit dem Phänomen Stimmenhören auch die Psychiatrie selbst erreicht. Auch bei der Behandlung von Psychosen genügt es nicht mehr, die Symptomatik durch entsprechend hohe Dosen von Neuroleptika zum Verschwinden zu bringen. Viele Stimmenhörer berichten, daß ihre Stimmen auf Neuroleptika nicht ansprechen oder sogar eher lauter werden. Die folgenden Zitate verdeutlichen, wie widersprüchlich die Wirkung der Neuroleptika gesehen wird.

– *»Wenn ich die Medikamente nehme, werden die Stimmen zumindest leichter. Vor allem die aggressiven Stimmen verlieren etwas von ihrem bedrohlichen Charakter.«*

– *»Die Neuroleptika lassen zwar die Stimmen verschwinden; aber ich fühle mich dann insgesamt so lahm und bin emotional so unbeweglich, daß ich lieber die Stimmen in Kauf nehme, jedenfalls solange sie sich in gewissen Grenzen halten.«*

– *»Ich setze die Medikamente sehr gezielt ein: Solange die Stimmen mit meinem eigenen Empfinden in Einklang zu bringen sind und ich die Botschaften symbolisch verstehen kann, brauche ich gar keine Medikamente. Wenn die Stimmen meinen eigenen Gefühlen sehr fremd werden und mich mit Aufträgen sehr unter Druck setzen, dann versuche ich, mich zu schützen.«*

– *»Die Medikation hatte auf mich eine verheerende Wirkung. Meine eigenen Empfindungen wurden gedämpft, mein ganzes Fühlen war eingeschränkt. Die Stimmen aber wurden nur stärker. Wie in einer leeren Röhre hallten sie nur noch lauter nach.«*

Insofern ist die Psychiatrie gezwungen, differenziertere Strategien zu entwickeln. Alle therapeutischen Maßnahmen sind dabei an dem Maßstab zu messen, ob sie den Menschen dabei stützen, zu einem neuen inneren Gleichgewicht und zu einem ihm angemessenen Selbstkonzept zu finden. Ungewöhnliches Seelenleben mit Krankheit gleichzusetzen und seelisches Leiden als deren Symptom ausschließlich zu bekämpfen und möglichst schnell zu beseitigen wird inzwischen von vielen Stimmenhörern, aber auch von Psychoseerfahrenen als respektlos empfunden. Sie wollen in der Ganzheitlichkeit ihrer Lebenserfahrung ernst genommen werden und wünschen sich eine umfassende Unterstützung, die ihnen hilft, das Erlebte ansatzweise auch zu verstehen. Dafür gilt es, verschiedene Orte zu schaffen innerhalb und außerhalb der Psychiatrie, innerhalb der Netzwerke als Selbsthilfegruppen und mit therapeutischer Unterstützung.

Bei besonders bedrohlichen und befehlenden Stimmen haben Maßnahmen der Entängstigung unter Umständen Vorrang vor allen Bemühungen um Verstehen. In diesem Zusammenhang kann auch die befristete Einnahme von Neuroleptika hilfreich sein. Doch auch in diesem Fall sind die Medikamente in eine Gesamtstrategie einzubinden, die über die bloße Symptombekämpfung hinausreicht. Es macht keinen Sinn, die Neuroleptika zu verteufeln, genausowenig wie es Sinn macht, die Stimmen zu verdammen.

Training für Psychiatrie-Mitarbeiter

»Wissenschaftler und Therapeuten sind qualifiziert durch ihren Beruf, Stimmenhörer sind qualifiziert durch ihre Erfahrungen. Wir müssen unsere Aufgaben gemeinsam angehen, wir müssen partnerschaftlich zusammenarbeiten.«

Mit solchen und ähnlichen Worten leitet Ron Coleman aus Wales die Seminare ein, die er regelmäßig für professionelle Therapeuten veranstaltet. Dabei versucht er, das Stimmenhören anschaulich zu machen. Die Seminarteilnehmer müssen sich in Kleingrupen zusammenfinden. »Du hast überhaupt keine Idee, du bist blöd«, flüstert der eine dem andern zum Beispiel ständig ins Ohr, während dieser, zunehmend irritiert, versuchen muß ein Gespräch mit dem Dritten zu führen. Die Auswertung zeigt in der Regel: Die Teilnehmer fühlen sich verfolgt, verärgert, verängstigt; sie haben ganz schnell das Gefühl, die Kontrolle über Denken und Sprechen zu verlieren, werden fahrig und sprunghaft, ängstlich und ärgerlich. Verhaltensweisen, die sie von ihren Patienten kennen und die sie mit psychiatrischen Diagnosen zu belegen pflegen, werden plötzlich nachvollziehbar.

Professor Romme hat ein internationales Netzwerk aus Stimmenhörern und Forschern initiiert. Es arbeitet an einem Curriculum für ein Training, in dem Psychiater und Psychotherapeuten einen angemessenen Umgang mit Stimmenhörern lernen können.

Zehn Thesen zum Umgang mit Stimmenhörern

1. Wie ich die Stimmen bei mir oder anderen verstehe, so gehe ich mit ihnen um. Was ich benenne, kann ich auch mitteilen. Was ich mitteile, muß ich nicht alleine tragen. Insofern ist zunächst einmal jedes noch so subjektive Erklärungsmodell wichtig.

2. Mit anderen über die Stimmen zu sprechen kann ein erster Schritt sein, ihre Macht zu mindern, Abstand herzustellen und ansatzweise Eigenkontrolle wiederzugewinnen.

3. Gleichzeitig kann es sehr schwierig sein, sich anderen zu öffnen. Wichtig ist ein offenes Interesse an den Stimmen und die Bereitschaft, unvoreingenommen über sie zu sprechen wie über einen Nachbarn. Unter dieser Voraussetzung wirkt das direkte Gespräch mit einem Menschen oder mit mehreren Gleichgesinnten in aller Regel beruhigend.

4. Die Stimmen automatisch und bedingungslos nur beseitigen zu wollen greift in aller Regel zu kurz und wird als respektlos empfunden.

5. Um ein Verstehen der Stimmen zu ringen ist schon deshalb wichtig, weil es hilft, eine Beziehung zu knüpfen zwischen Stimmenhörer und Gesprächspartner, aber auch zwischen den Stimmen und ihrem Adressaten. Beides mildert die Einsamkeit und birgt die Chance neuer Erkenntnisse.

6. Auch wer die Stimmen nicht ohne weiteres beseitigen kann oder will, kann lernen, sie hinsichtlich Häufigkeit, Lautstärke und Penetranz zu beeinflussen.

7. Selbsthilfegruppen können helfen, der isolierenden Wirkung der Stimmen und den negativen Zuschreibungen der Umgebung beziehungsweise der Psychiatrie entgegenzuwirken.

8. Lange vor jedem professionellen Eingreifen finden Versuche der Eigenbalance statt. Die Therapie wird am nebenwirkungsärmsten helfen, die am Selbstverständnis des einzelnen ansetzt, seine individuellen und sozialen Ressourcen stützt und sich quasi als Supervision von Selbsthilfe versteht.

9. Medikamentöse Hilfen können in diesem Rahmen manchmal eine vorübergehend entlastende Funktion haben, manchmal haben sie keinen Einfluß auf die Stimmen, und manchmal werden die Stimmen durch Medikamente auch lauter, weil sie »wie in einer hohlen Röhre nachhallen«. Wirkung und Nebenwirkung sind sorgfältig abzuwägen. Unter Umständen kann es sinnvoll sein, die Dosis so zu vereinbaren, daß sie die negativen Aspekte der Stimmen mildert, ohne sie ganz zu beseitigen. Auch wenn Psychopharmaka wirksam sind, erlaubt das keine Rückschlüsse auf die

Entstehungsgeschichte der Stimmen oder auf ihre Krankheitswertigkeit.

10. Vertreter verschiedener psychotherapeutischer Schulen befassen sich mit dem Stimmenhören inzwischen unvoreingenommener, als das noch vor Jahren der Fall war. Insbesondere die am Verstehen und an der emotionalen Unterstützung orientierten Verfahren wie die Gesprächspsychotherapie oder tiefenpsychologische Gespräche können helfen, die Beziehung zu den Stimmen zu klären. Entscheidend ist immer die persönliche Beziehung zum Therapeuten. Gezielte psychotherapeutische Strategien beim Umgang mit Stimmenhören finden sich vor allem bei kognitiven Verhaltenstherapeuten.

Insgesamt ist noch viel Aufklärungsarbeit zu leisten, damit unsere Kultur dem Stimmenhören und den stimmenhörenden Menschen differenzierter und weniger voreingenommen begegnet. Diese Öffentlichkeitsarbeit ist eines der wichtigsten Ziele des neu entstandenen deutschen Stimmenhörernetzwerks.

Literatur

Baker, Paul: Die innere Stimme. Broschüre des englischen Netzwerkes der Stimmenhörer. Deutsche Fassung zu beziehen über Deutsches Netzwerk Stimmenhören, s. Adressen

Berendt, Joachim Ernst: Das dritte Ohr. Vom Hören der Welt. Rowohlt Verlag, Reinbek 1985

Bock, Thomas: Lichtjahre. Psychosen ohne Psychiatrie. Psychiatrie Verlag, Bonn 1997

Bock, Thomas/Deranders, J. E., Esterer, I.: Stimmenreich. Psychiatrie Verlag, Bonn 1992

Dies.: Im Strom der Ideen. Psychiatrie Verlag, Bonn 1994

Bock, Thomas/Buck, D./Esterer, I.: Es ist normal, verschieden zu sein. Psychose-Seminare – Hilfen zum Dialog. Psychiatrie Verlag, Bonn 1997

Byatt, Antonia S: Geisterbeschwörung. Suhrkamp Taschenbuch, Frankfurt 1997

Bremer, F./Poersel, H. (Hrsg.): Sinn und Wahn. Berichte aus dem Hinterland der Augen. Brückenschlag 12, Paranus Verlag, Neumünster 1996

Dies.: Hilflose Gewalt? Gewalttätige Hilfe? Brückenschlag 13, Paranus Verlag, Neumünster 1997

Calvin, William H./Ojemann, George A.: Einsicht ins Gehirn. Wie Denken und Sprache entstehen. Carl Hanser Verlag, München 1995

Cutomo, Carola: Medialität, Besessenheit, Wahnsinn. Flensburger Hefte 1989

Damasio, Antonio R.: Descartes' Irrtum. Fühlen, Denken und das menschliche Gehirn. Deutscher Taschenbuch Verlag, München 1997

Duerr, Hans Peter: Traumzeit. Edition Suhrkamp, Frankfurt 1984

Herrmann, Judith Lewis: Die Narben der Gewalt. Kindler-Verlag, München 1993

Holl, Adolf (Hrsg.): Die zweite Wirklichkeit. Carl Ueberreuter Verlag, München 1987

Huber, Michaela: Multiple Persönlichkeiten. Fischer Taschenbuch, Frankfurt 1995

Jaynes, Julian: Der Ursprung des Bewußtseins durch den Zusammenbruch der bikameralen Psyche. Rowohlt Verlag, Reinbek 1985

Lucadou, Walter von: Psyche und Chaos. Theorien der Parapsychologie. Insel Verlag, Frankfurt 1995

Lucadou, Walter von/Poser, Manfred: Geister sind auch nur Menschen. Was steckt hinter okkulten Erlebnissen? Herder Verlag, Freiburg 1997

Randow, Gero von (Hrsg.): Mein paranormales Fahrrad und andere Anlässe zur Skepsis, entdeckt im »Skeptical Inquire«. Rowohlt Taschenbuch, Reinbek 1993

Romme, Marius/Escher, Sandra: Stimmenhören akzeptieren. Psychiatrie-Verlag, Bonn 1997

Sacks, Oliver: Der Mann, der seine Frau mit einem Hut verwechselte. Rowohlt Verlag, Reinbek 1987

Siegel, Ronald K.: Halluzinationen: Expeditionen in eine andere Wirklichkeit. Eichborn Verlag, Frankfurt 1995

Stratenwerth, Irene: Wahn & Sinn. Ver-rückte Lebenswege von Frauen. Klein Verlag, Hamburg 1997

Stratenwerth, Irene/Bock, Thomas: Die Bettelkönigin (Kinderbuch). Kore Verlag, Freiburg 1998

Adressen

Deutsches Netzwerk Stimmenhören
c/o Sekis
Albrecht-Achilles-Str. 65
10709 Berlin
Tel. u. Fax 030-891 60 85
Di 16–19 Uhr

c/o SPA, Universitätsklinik Hamburg
Martinistr. 52
20246 Hamburg
Tel. 040-47 17-32 26
Fax 040-47 17-54 55
Vermittlung von Kontakten, Versand eines Leitfadens für Stimmenhörer, »Die innere Stimme«, à DM 2,-. Verleih des Films »Hören Sie Stimmen? – Neue Ergebnisse zu einem alten Phänomen« von Irene Stratenwerth

Britisches Stimmenhörernetzwerk:
Hearing Voices Network
c/o Creative Support
Fourways House
16 Tariff Street
Manchester
M1 2EP
England
Tel. 0161-2 28 38 96

Niederländisches Stimmenhörernetzwerk:
Rijksuniversiteit Limburg
Project Stimmen Horen
PO Box 616
6200 MD Maastricht
Niederlande

Parapsychologische Beratungsstelle
Hildastr. 64
79102 Freiburg
Tel. 0761-7 72 02
Beratung von Stimmenhörern u. a.

Bundesverband der Angehörigen psychisch Kranker (BApK)
Thomas-Mann-Str. 49 a
53111 Bonn
Tel. 0228-63 26 46

Bundesverband der Psychiatrieerfahrenen (BPE)
Thomas-Mann-Str. 49 a
53111 Bonn
Tel. 0228-63 26 46

Dachverband psychosozialer Hilfsvereinigungen
Thomas-Mann-Str. 49 a
53111 Bonn
Tel. 0228-63 26 46
Kontakt zu den Verbänden der Psychiatrieerfahrenen und der Angehörigen, Adressen, Psychoseseminare

Deutsche Gesellschaft für Soziale Psychiatrie (DGSP)
Stuppstr. 14
50823 Köln
Tel. 0221-50 10 02
Versand des Leitfadens »Die innere Stimme« (für Stimmenhörer DM 2,-), Adressen, Psychoseseminare

Nationale Kontakt- und Informationsstelle zur Unterstützung von Selbsthilfegruppen (NAKOS)
Albrecht-Achilles-Str. 65
10709 Berlin
Tel. 030-8 91 40 19
Vermittlung von Adressen allgemeiner Selbsthilfegruppen

Autoren

Dr. Thomas Bock, geb. 1954, Diplompsychologe, Leiter der Sozialpsychiatrischen Ambulanz der Universitätsklinik Hamburg. Autor und Herausgeber verschiedener Fachbücher. Letzte Veröffentlichung: »Lichtjahre. Psychosen ohne Psychiatrie«, Psychiatrie-Verlag, Bonn 1997

Fritz Bremer, geb. 1954, Diplompädagoge, Mitbegründer des Paranus-Verlags in Neumünster. Herausgeber der Zeitschrift Brückenschlag – Zeitschrift für Sozialpsychiatrie, Literatur, Kunst. Buchveröffentlichungen u. a.: »In allen Lüften hallt es wie Geschrei. Jakob van Hoddis – Fragmente einer Biographie«, Psychiatrie-Verlag Bonn, 1996

Charlotte Kerner, geb. 1950, lebt als freie Journalistin und Buchautorin in Lübeck. Buchveröffentlichungen u. a.: »Lise, Atomphysikerin. Die Lebensgeschichte der Lise Meitner«, »Seidenraupe, Dschungelblüte. Die Lebensgeschichte der Maria Sybilla Merian«, »Alle Schönheiten des Himmels. Die Lebensgeschichte der Hildegard von Bingen«, alle im Beltz-Verlag. Charlotte Kerner wurde mit dem GEDOK-Literaturpreis ausgezeichnet

Irene Stratenwerth, geb. 1954, Diplompädagogin, lebt als freie Autorin und Fernsehjournalistin in Hamburg. Letzter Film: »Hören Sie Stimmen? Neue Untersuchungen eines alten Phänomens«, NDR 1996. Letztes Buch: »Wahn & Sinn. Ver-rückte Lebenswege von Frauen«, Klein Verlag, Hamburg 1997

Angelika Aliti

Der weise Leichtsinn

Frauen auf der Höhe ihres Lebens. 259 Seiten. SP 2440

»Alte Drachen haben mehr Spaß am Leben als brave Seniorinnen«, schreibt Angelika Aliti und muntert die Frauen ab fünfzig zum femininen Ungehorsam auf. Denn Frauen ab fünfzig auf Klimakterium und Großmutterschaft zu reduzieren, das hält sie für grundfalsch, und sie vermißt ein positives Frauenbild für diesen Lebensabschnitt. Ist es ganz ungewöhnlich zu behaupten – und das tut Aliti –, daß sich Frauen in diesem Alter auf der Höhe ihres Lebens befinden? Herausgetreten aus dem »Wald der Wichtigkeiten«, sind sie stark und frei, ihre noch nicht gelebten Möglichkeiten, Kräfte und Talente zu entdecken und auszuleben. Scharfsinnig, witzig, charmant und eloquent fordert Angelika Aliti ihre Leserinnen auf, die zweite Lebenshälfte selbst in die Hand zu nehmen, denn schließlich ist das Glas nicht halbleer, sondern halbvoll …

Irene Stratenwerth

Wahn & Sinn

Verrückte Lebenswege von Frauen. 163 Seiten. SP 2762

Wie sich Menschen fühlen, die den Wahnsinn erleben oder erlebt haben, bleibt normalerweise im dunkeln. Menschen mit einer Psychose behalten ihr Erleben – zwischen Euphorie und Todesangst, zwischen Verwirrung und neuer Geistesgegenwart – und ihre inneren wie äußeren Dramen für sich. Erst seit wenigen Jahren vesucht eine neue Initiative, die Bewegung der »Psychiatrie-Erfahrenen«, das zu ändern. Frauen spielen hier eine besonders aktive Rolle. Sie haben erkannt, wieviel Sinn im Kranksein stekken kann, und sie möchten davon Mitteilung machen. Die Frauen, die hier zu Wort kommen, stellen sich vor als: eine Stimmenhörerin, eine Malerin, eine Psychotherapeutin, eine Selbstverletzerin, eine Geheilte, eine »unheilbar Geisteskranke«, eine Schizophrene und eine »Expertin aus Erfahrung«. Dieses Buch ist ein Versuch, die Sprachlosigkeit zwischen »Verrückten« und »Normalen« zu überwinden.